改訂版

ガイドブックにない パリ案内

稲葉宏爾

阪急コミュニケーションズ

目次　改訂版 ガイドブックにないパリ案内

Île de la Cité, Square du Vert Galant

01 ● パサージュのある街。

中世の路地からシテ島の西端へ。

シテ島の先端。まるで２人のための舞台です。

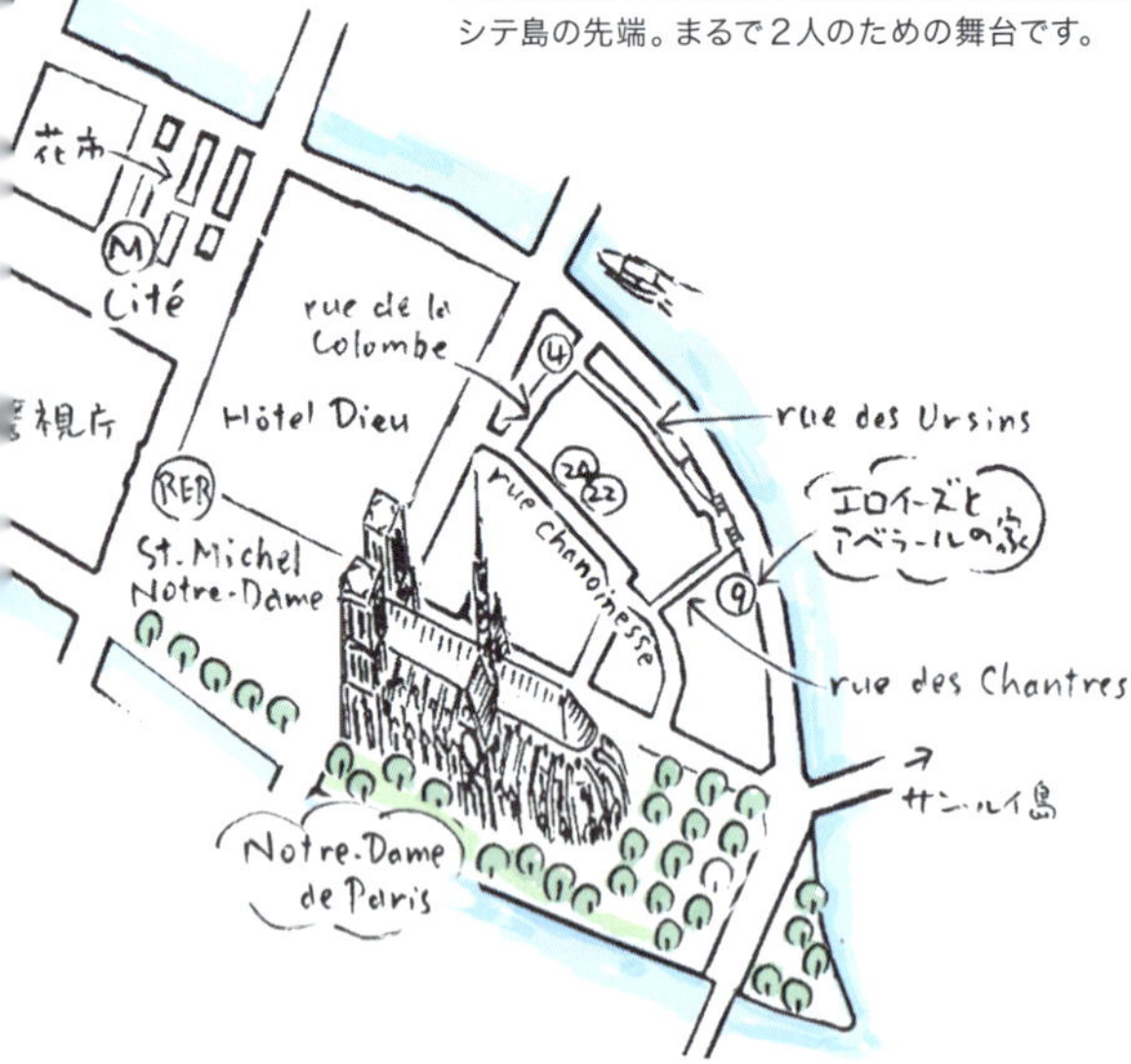

スクワール・デュ・ヴェール・ギャラン。

12世紀半ばから200年近くかけて建てられたノートル・ダム・ド・パリは、ゴシック建築の名作です。いつも観光客であふれる大聖堂前から、北側の裏道に一歩入ると、ここがパリの中心とは信じられないような街区が隠れています。

中世のころ、ここはノートル・ダム参事会の領地で聖職者の住む館が並んでいた。19世紀のパリ大改造で、シテ島中心にぎっしり建てこんでいた家が取り払われ、広場と市立病院（オテル・デュー）や警視庁などが造られた。ところがこの大聖堂北側は、そのままの姿で残されたのです。

シャノワネス通り。奥の緑の絡まる家が24番地。

シャノワネス通り22番地の印刷所と24番地のレストランの建物は、参事会の宿舎だったもの。これらの宿舎には全国からやってきた学生たちが寄宿して、大聖堂付属の神学校で勉強していた。後のパリ大学の前身です。

コロンブ通り4番地に突き出ている石積みはもっと古くて、ローマ帝国時代に築かれた城壁の一部です。ユルザン通りの階段から、細い路地の向こうにノートル・ダムの尖塔がそびえるようすは、まさに中世の風景です。

中世の路地。右の壁、下の小さなプレートは1910年の洪水の水位です。

フルール河岸9番地に「1118年エロイーズとアベラールが過ごした家。1849年改築」という銘板がある。当時の高名な哲学者で39才のアベラールと、その生徒で17才のエロイーズとの禁じられた愛の舞台だったところ。アベラールはエロイーズの親戚にオチンチンを切られてしまう。『愛の往復書簡』で知られる2人は今、ペール・ラシェーズ墓地で仲良く眠っています。

ポン・ヌフの恋人たち。

新橋という名とは反対にパリでいちばん古い橋が、シテ島の西端にあるポン・ヌフです。右岸側と左岸側2つの橋、それに中間のシテ島部分も含めてポン・ヌフ。中ほどにこの橋の建設を推進したアンリ4世の騎馬像がある。この馬のお尻側から狭い階段を下りると、「スクワール・デュ・ヴェール・ギャラン」という小さな公園に出る。ヴェール・ギャランはアンリ4世のあだ名で、好色男、女たらしみたいな意味。岸辺には遊覧船「バトー・レ・ヴデット・ポン・ヌフ」の乗り場もあります。

ピカソ美術館に、この公園からアンリ4世像のほうを見上げた絵がある。ナチスの占領下、ここからほど近い左岸グラン・ゾーギュスタン通りに住んでいたピカソが、誰ひとり訪れるものもないここの情景を、抗議をこめて描いたという。

アンリ４世の騎馬像。

1607年完成のポン・ヌフとサマリテーヌ。

シテ島の先端に大きな柳の木。柳の下にはドジョウではなく愛情いっぱいの『ポンヌフの恋人』たちが座っています。右手にはルーヴル、左には学士院。それを結ぶポン・デザール（芸術橋）を渡る人々のシルエット……。パリのセーヌ河岸でも指折りの特等席です。

アンリ4世像の正面向かい側、ふたつの建物の間からドーフィーヌ広場へ入ります。三角形の広場の木立に向かって、レストランや木賃宿という風情のホテルがひっそり並んでいる。

ポン・ヌフ右岸たもとの「サマリテーヌ」は、20世紀初頭のアール・ヌーヴォーに20年代のアール・デコを融合させた百貨店建築。防災上の問題を理由に2005年以来閉鎖されていたけれど、商業施設、公共住宅、オフィス、ホテルなどの複合ビルとして再生する計画らしい。

ルーヴル宮とチュイルリーの彫刻。

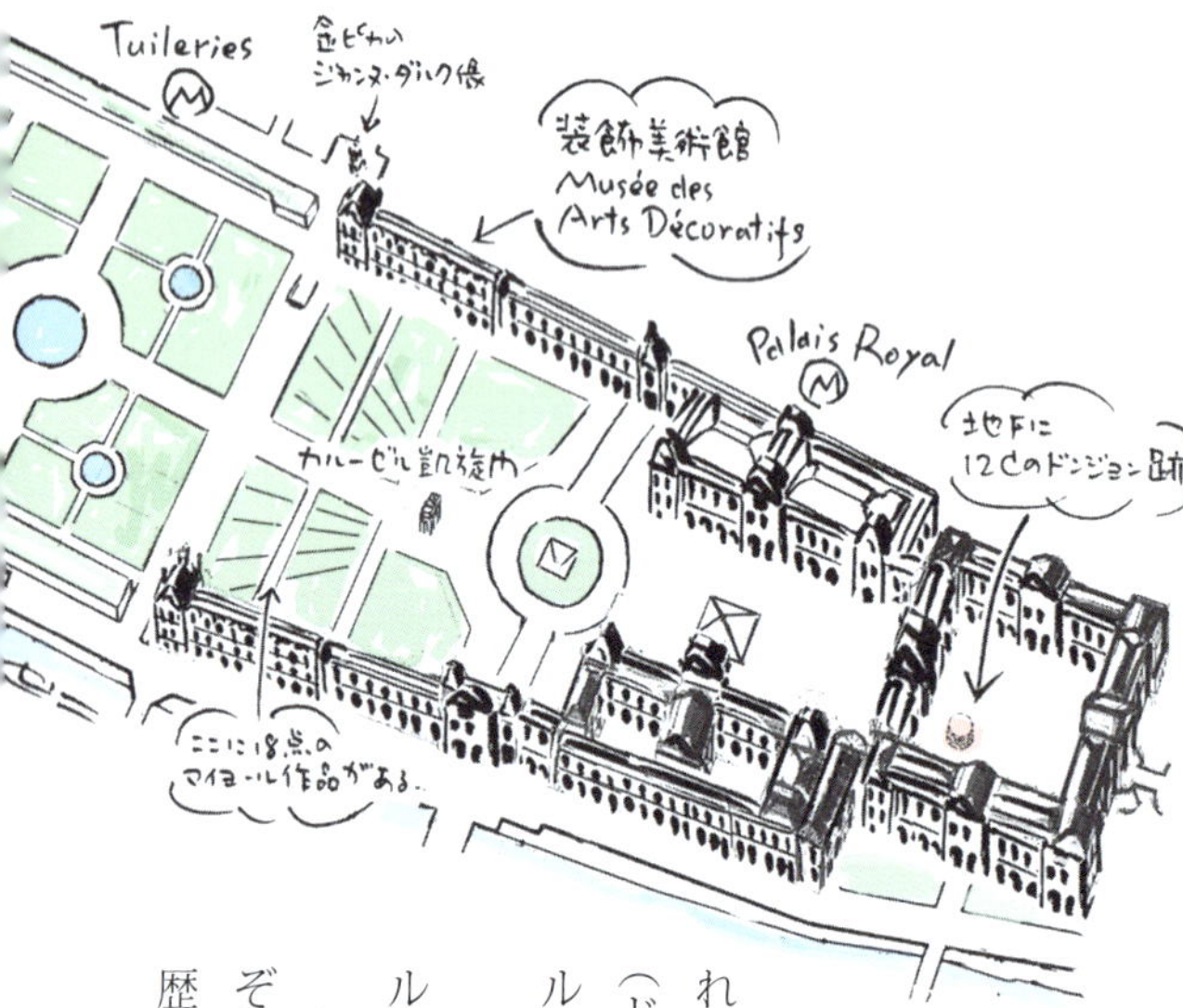

ルーヴル美術館東側の地下に、円筒形に積まれた巨大な石垣がある。中世の城塞の天守塔（ドンジョン）の基礎部分で、20世紀末のルーヴル改造工事の時に発掘されたという遺構です。この城塞からガラスのピラミッドまで、ルーヴル宮の建築は８００年にわたって造られたもの。

無数の彫刻で飾られた建物の外壁には、それぞれの時代を物語るいろんな浮き彫り模様や、歴代の王様や皇帝の紋章が刻まれている。

噴水のある８角池。空が広い。

装飾美術館。ルイ・マジョレルのベッド。

1925年、ルグランのアーム・チェア。

シュリー翼西南棟は、16世紀ルネサンス様式の城館だった部分で、ここの地上階の古代ギリシア、ローマの彫刻が展示されている大広間は、4体の美しい女人像柱カリアティッドが入り口の楽士席を支えている。1572年サン・バルテルミの虐殺の日、カリアティッドの間と呼ばれるこの優雅な部屋で、大勢のプロテスタントが殺されている。

明るい光に満ちたガラスのピラミッドから入るルーヴル美術館は、フランスの歴史の明暗を凝縮しているのです。

さて、この巨大なルーヴル宮の西北部、リシュリュー翼西側のマルサン翼部分だけは、装飾美術館が占めています。ルーヴルとは別組織で入り口もリヴォリ通りにある。中世から現代までのインテリア装飾や家具、食器、アクセサリーなどを集めた装飾美術館には、モードとテキスタイル美術館と広告美術館とが併設されていて、

オランジュリとアラン・キリリの作品。彼の努力で近代彫刻が置かれるようになった。

工芸とファッション、デザインの歴史をたどるには見逃せない場所。なのに比較的空いているのもいい。

装飾美術館は、時代様式の歴史に沿った常設展示と、その時々の特別展がある。でも付設のふたつの美術館はスペースの制約もあって、特別展示中心。例えばカッサンドル、サヴィニャックの名作ポスターや、ポール・ポワレ、シャネルの服が、いつも見られるわけではない。でも、パリ・コレの中心会場がある「カルーゼル・デュ・ルーヴル」入り口の隣という場所。モードとテキスタイル美術館の展示は、その時々のテーマやデザイナーの特徴がよくわかる。大きなガラスケースは、服を正面だけでなく見られるように曲線で変化がつけられ、ゆっくりと変わる照明で服が浮かび上がる演出もきれいです。

野外彫刻美術館。

ナポレオンが建てさせたカルーゼル凱旋門の西側、ルーヴル宮の南北の棟の端っこの部分まで、つまり、地下に「カルーゼル・デュ・ルーヴル」がある地上部分がカルーゼル庭園。ここの植え込みの間には、『地中海』など、彫刻家マイヨールの代表作18点が置かれている。

ひときわデカイ、デュビュッフェ。

ロダンの『接吻』。フランス語では"Le baiser"。

そして、通りを挟んだ西側がチュイルリー庭園です。かつてルーヴル宮の西端を結ぶ位置にあったチュイルリー宮の庭園として17世紀に造られたもの。造園家ル・ノートルの設計した園内は、70点余の彫刻で飾られている。

ギリシア彫刻をコピーした17、18世紀の石像も多いけれど、ジャコメッティやエルンスト、ヘンリー・ムーアなどの近代彫刻もある。

国立の写真展示場になっている「ジュ・ド・ポウム」の前には、編み目人間みたいなデュビュッフェの作品、モネの『睡蓮』で知られるオランジュリ美術館の前にはロダンの『接吻』が据えられている。この彫刻、占領下にロダン美術館がナチスの将校に売ったといういわくつきのもの。でも観光客の視線にも、コンコルド広場の騒音にもめげず、しっかり抱き合っています。

パレ・ロワイヤルからレ・アルの北へ。

パレ・ロワイヤルの回廊は、フィリップ・エガリテ（オルレアン公）が造ったもので、屋根付きのパサージュの流行前に、自分の屋敷の中庭を囲む回廊を商人に貸し出し、一般に開放していた。1789年7月12日にここのカフェで行われた、デムーランの演説が、14日のバスティーユ襲撃のきっかけになったそう。

現存する屋根付きパサージュのうち、もっとも華麗なのが、パレ・ロワイヤル裏手の「ギャルリ・ヴィヴィエンヌ」です。古本屋やワイン屋、レストランなどが、精巧なモザイク模様の床をはさんで並び、優雅な雰囲気を演出している。

13区に新しい国立図書館が開館してから、旧館「フランス国立図書館リシュリュー」は、手稿、版画、古地図、ポスター、貨幣、楽譜、演劇資料などグラフィック部門の収蔵を担当するようになり、いつも質の高い特別展を開催している。

パレ・ロワイヤルの東、コロネル・ドリアン通りの建物に大きな壁画がある。パリを拠点に活躍する画家黒田アキがパリ市の依頼で制作し

パレ・ロワイヤルの回廊。

1826年完成のギャルリ・ヴィヴィエンヌ。

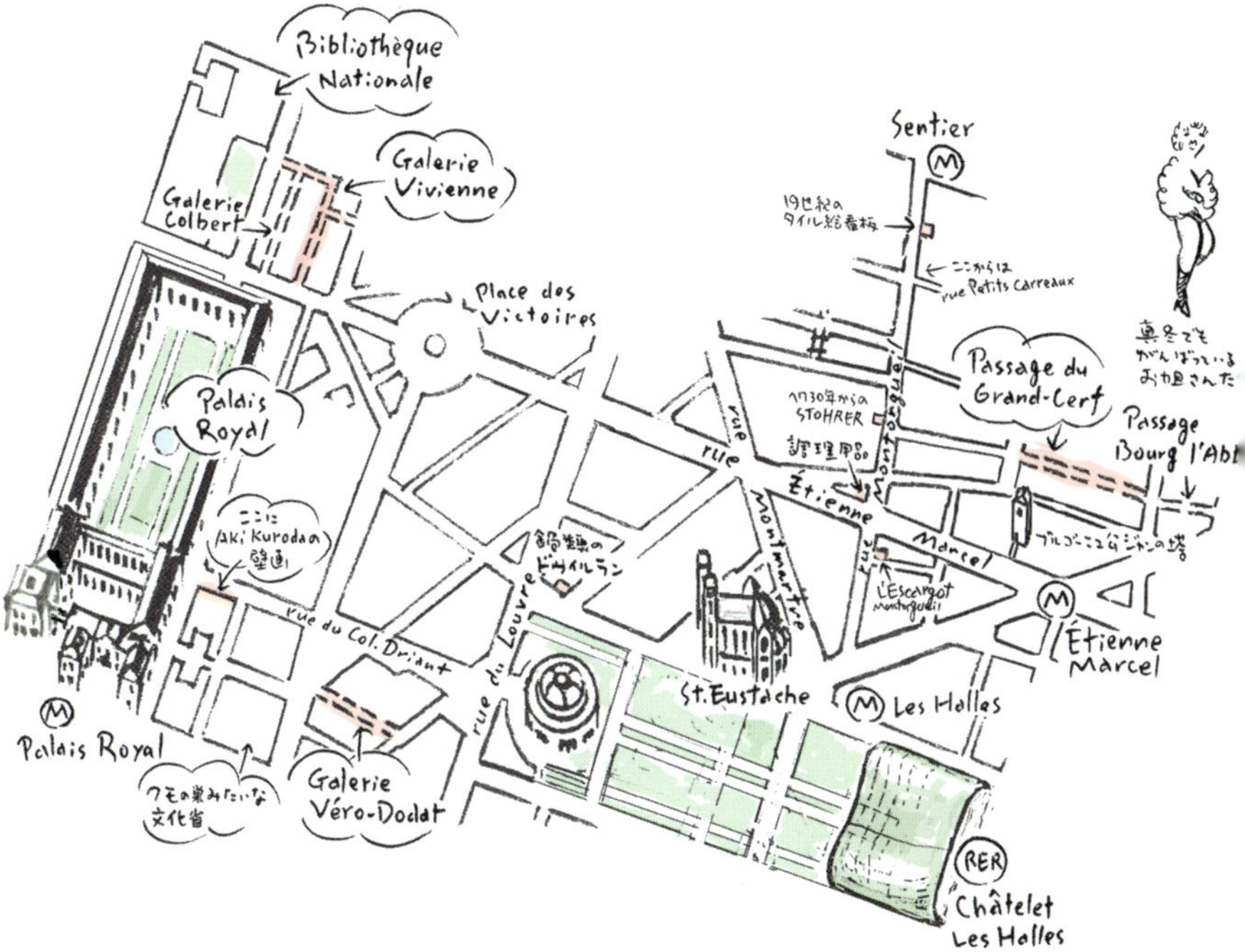

ギャルリ・ヴェロ・ドダも1826年の開通。

たもので、ガソリンスタンド上の横長の壁が、明快な色彩とカタチで爽やかに彩られています。

「ギャルリ・ヴェロ・ドダ」は、市松模様の床と黒光りする木組みのアーチが落ち着いたリズムをつくり、インテリアや楽器の修理をする店などがひっそり並んでいる。入り口脇のカフェや中ほどの小さなレストランで、時間が止まったような不思議な空間を楽しむのもいい。

商品取引所のドーム屋根の東側がレ・アル地区。メトロとＲＥＲ（郊外線）の８路線が集まる地下ターミナル駅と、ショッピングセンター「フォロム・デ・アル」がある、パリいちばんの盛り場です。19世紀の中央市場を取り壊して、１９７０から80年代に造られた「フォロム・デ・アル」は、２０１６年の完成予定で全面改築工事中。レ・アル公園脇のサン・テュスターシュ教会が、もう４００年を経ているのに、現代の商業建築の命のなんと短いことデ・アル。

おいしい通り、モントルグイユ。

サン・テュスターシュ教会裏手から伸びるモンマルトル通りには、毎週木曜に朝市ではなく「午後市」の屋台が並びます。そして隣のモントルグイユ通りは、レ・アルがその名のとおり巨大な中央市場だった時代からのにぎやかな市場通りです。

山のようなオレンジやトマト、肉や魚、ワインとチーズ……。見て歩くだけでも元気になる。金色のかたつむりが目印の"L'Escargot"はも

黒田アキの壁画は2000年に登場。

"蜘蛛の巣城"文化省は、古い建物を改装。

David Manginのレ・アル完成予想図。

ちろんエスカルゴ専門レストラン。"Stohrer"は、ルイ15世に嫁いで来たポーランド王スタニスラスの娘マリのお抱えパティシエが開いたというう、パリ最古のお菓子屋です。

ガラス屋根の高さが12メートル近くあるパサージュ・デュ・グラン・セール。

1825年の建築をきれいに修復した「パサージュ・デュ・グラン・セール」は、高いガラス屋根からの陽射しが、モノトーンのタイル模様の床をやわらかに光らせている。

洗練されたデザインのアクセサリーやインテリア用品の店など、クリエイター系の店が並ぶちょっと気取った空間。昼間から超ミニのおねえさんが声をかけてくれる雑多で猥雑なサン・ドニ通りとのギャップがすごい。

モントルグイユ通りは歩行者専用。

グラン・ブールヴァールのパサージュ。

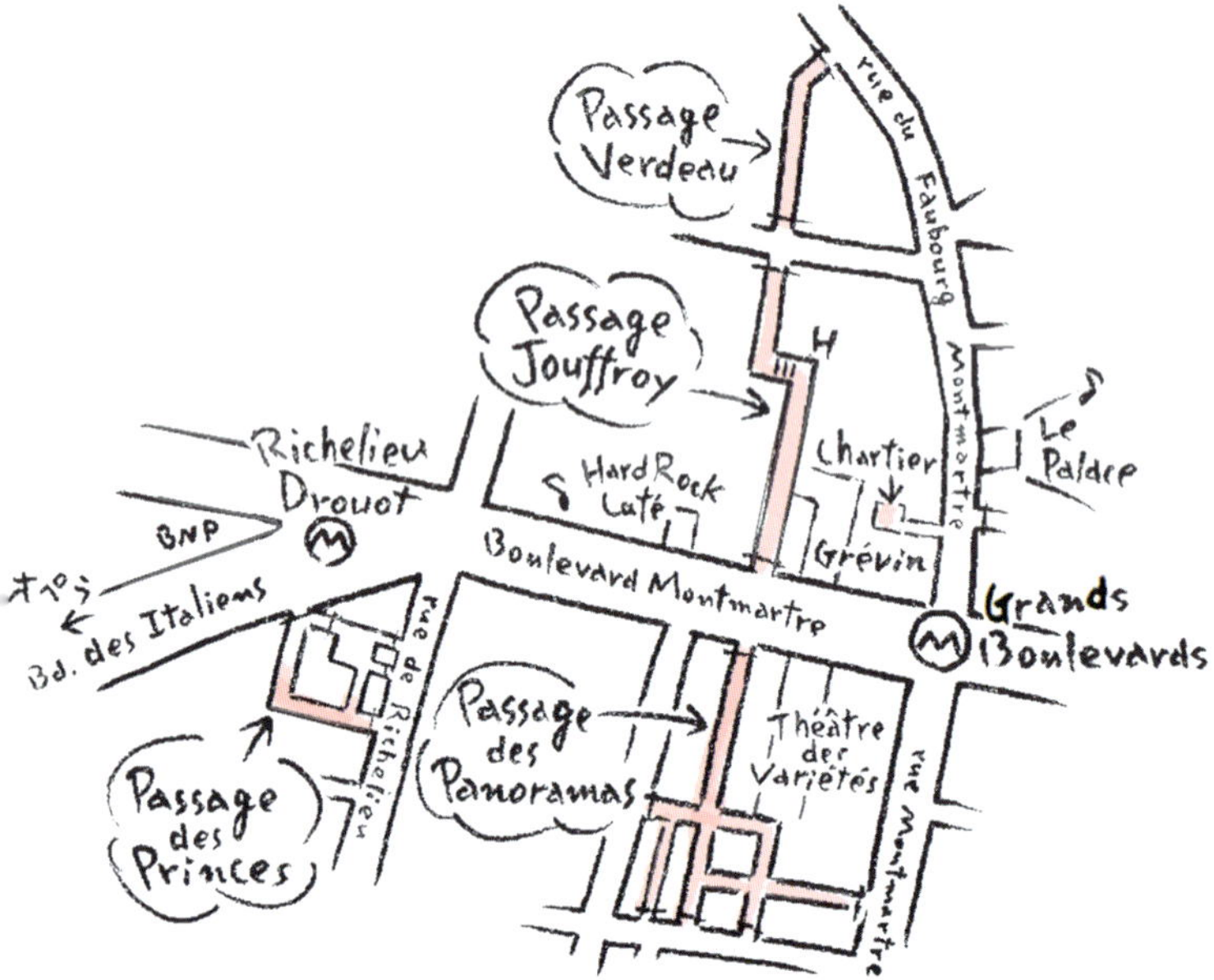

オペラ座前の広場からグラン・ブールヴァールを東へ。スタバもあるけれど、今どきこんなの誰が着るの？という服を飾った店もあるモンマルトル大通りに面して、ふたつの古いアーケード商店街の入り口が向かい合っています。

1800年に、円形の壁いっぱいに映像を投

パサージュ・デ・パノラマのサロン・ド・テ。

パサージュ・ジュフロワは、とりわけ19世紀の花の都パリの匂いを遺している。

影する見世物《パノラマ》が開館。ふたつの建物の間に造られたのが「パサージュ・デ・パノラマ」です。ここには、1816年にパリ最初のガス灯が設置されている。

狭い通路の両側に、飲食店や小さな店が並んでいます。切手商や画廊が多い。サロン・ド・テ“L’ARBRE A CANNELLE”の木の天井や柱に刻まれた浮き彫り模様は、19世紀のショコラティエの内装をそのまま残したもの。

奥のほうで枝分かれした通路のひとつ、ギャルリ・デ・ヴァリエテに、1807年開場の劇場ヴァリエテ座の楽屋口がある。芝居がはねた後、目当ての女優や踊り子を待つ男たちが群がっていたという場所で、エミール・ゾラの書いた高級娼婦『ナナ』もここの舞台に立つ女優だった。

ジュフロワの古書店と古写真の店。

グレヴァンの覗き見男。

ベンヤミンの世界、遊歩者の愉しみ。

1847年に完成した「パサージュ・ジュフロワ」は、高いガラス屋根からの柔らかな光につつまれた19世紀空間です。

蝋人形館「ミュゼ・グレヴァン」の飾り窓から、奇妙な表情の顔が格子柄の通路を行く人を見ている。石や貝殻細工の店、キッチュな造花や装飾品の店。“Pain D'épices”は、店先に白い木馬を置いた玩具や人形の店。昔風のお菓子の山を積み上げたサロン・ド・テ“Le Valentin”では、ひと昔前のマドモワゼルたちが、幸せそうに生クリームをなめている。

ホテル・ショパンの前でカギ型に階段を下りると、本屋と画廊が主体の文化街になる。古い映画のスチール写真や20世紀初頭のポスターもある。通路に並ぶ古本棚の前を抜けると、「パサージュ・ヴェルドー」へと続きます。

ここは数年前まで、空家と安中華屋さんが目立つうらぶれた場所だったけれど、少しずつアンティーク店が並び始め、今ではヴァルター・ベンヤミンのいう《パリの原風景、遊歩者のパサージュ》が復活しています。

仮装用品店が目立つフォブール・モンマルト

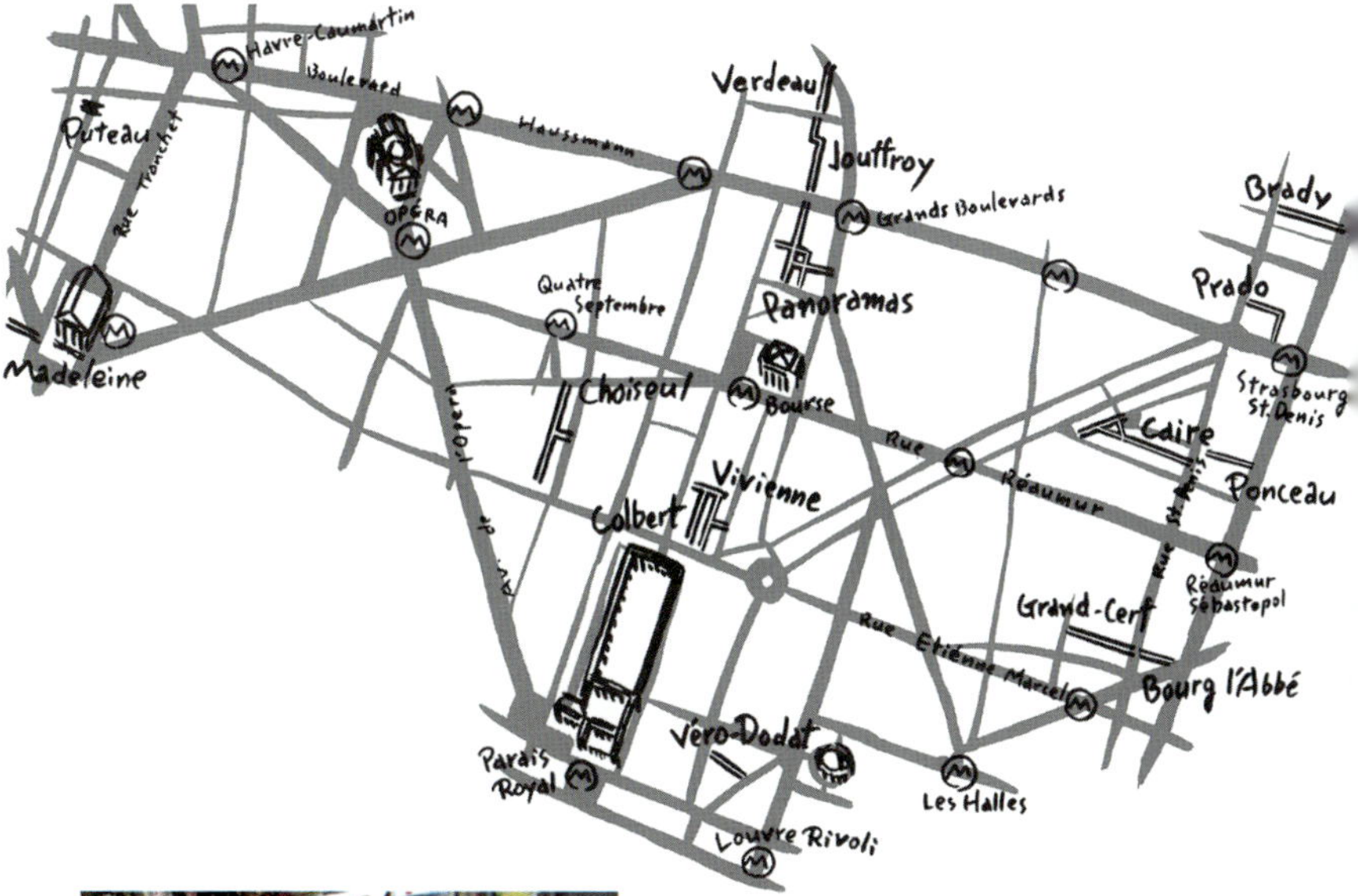

ル通りへ出る。20世紀初頭の劇場ル・パラスの向いに、1896年創業のレストラン"Chartier"がある。駅馬車の待合室だったという高い天井の下を、長いタブリエのギャルソンが動き回るようすは、古い映画の中に迷いこんだよう。ここは昔ながらの簡素な料理を出す大衆的な食堂で、料理の味はともかく、旧き佳きパリを味わうには一見の価値ありです。

子どもも大人も意外に仮装好き。

1970年代に華やかだったル・パラス。

パサージュ・デュ・ケールとレオミュール通り。

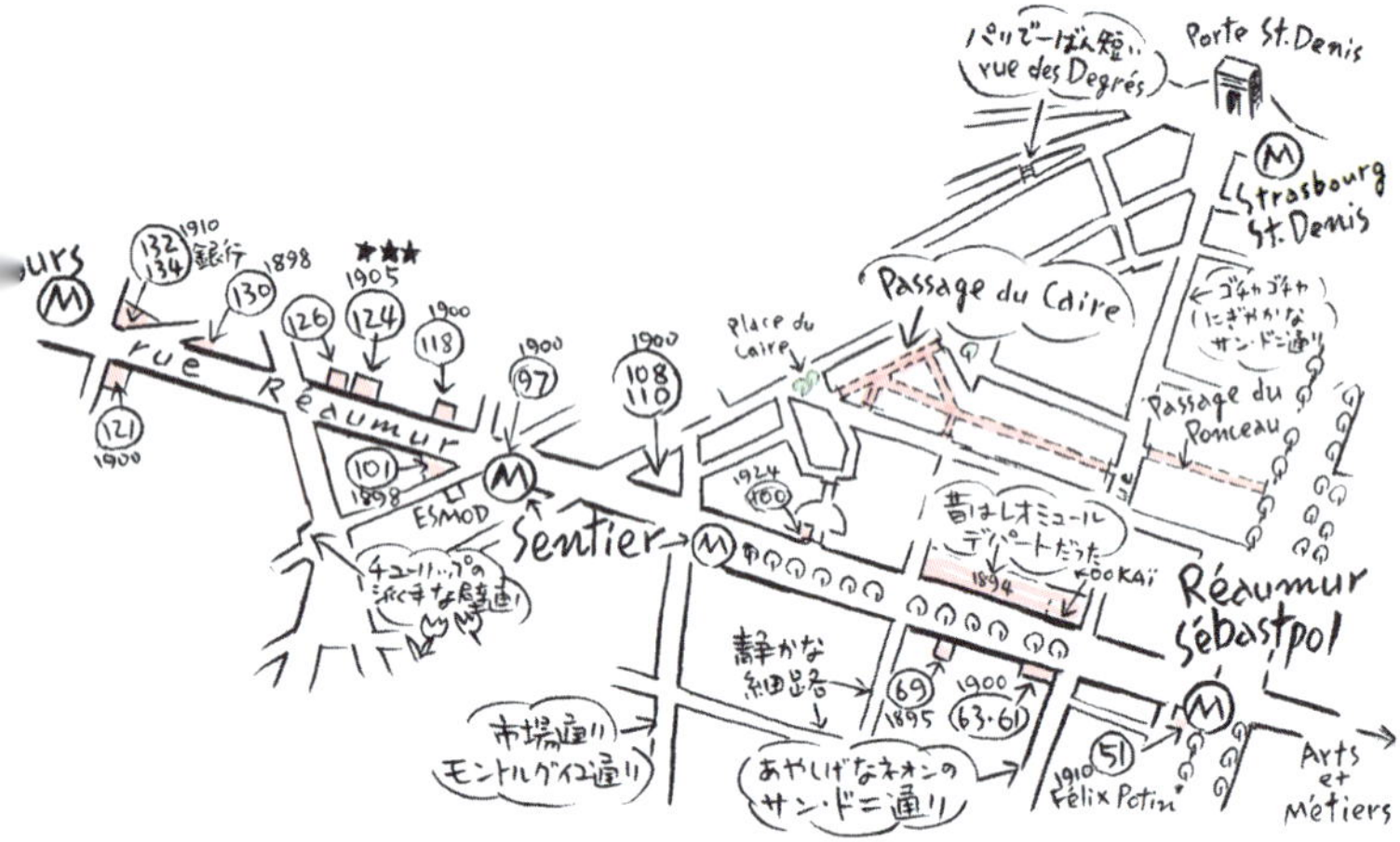

マドレーヌからオペラ広場、サン・ドニ門、レピュブリックを経て、バスティーユに至る大通りの総称を、グラン・ブールヴァールという。17世紀末、現在の1～3区を囲む市壁があった跡に造られたこの大通り沿いは、18世紀から

ケール広場の建物のエジプト風装飾。

マネキンの並ぶパサージュ・デュ・ケール。

ここ数年、レースやボタン、織りネームなどの専門店が少なくなっている。

19世紀の《花の都パリ》でいちばんの繁華街だった。

"Passage Couvert"(屋根付きパサージュ)の大半はこの地域に集中している。ガス灯の下、風雨を避けて歩ける屋根付きのパサージュは、劇場やモードの店が並ぶ流行の先端の場だった。しかし、デパートが出現した19世紀後半に急速に衰退し、時代から取り残されてしまったのです。

サン・ドニ門の北、猥雑なサン・ドニ通りから入る「パサージュ・ブラディ」は、商店もレストランもインド、パキスタン一色の街。ややくたびれたガラス屋根の空間にカレーの匂いが漂います。

サン・ドニ門の南西側一帯には、服飾関係の製造と卸売りの業者が集中している。狭い通りにあふれるワゴン車の間を、生地や服を積み上げた手押し車が行き交う。運んでいるのはたいていインド、パキスタン、そして中国系の人たち。

ケール（カイロ）広場に入り口のある「パサージュ・デュ・ケール」は1798年築、現存するパリの屋根付きパサージュで最古の建築です。

総延長360mの狭い通路に並ぶ60軒あまりの店は、やはりモード関係の卸屋が中心で、マネキンや陳列棚、ハンガーなど、モードの店の必需品が揃っている。ここ数年は中国系の既製服問屋が増えています。

1900年の街。

レオミュール通りには、「奇怪ないし不可解なデコレーションを施した大型店舗」（ミシェル・ダンセル著、蔵持不三也編訳『図説・パリ歴史物語』原書房）が並んでいる。この《奇怪で不可解な》建物がおもしろいのです。1897年に貫通したこの直線道路には、市の政策で大型の商業建築が集められた。翌年から行われた建築ファサード・コンテストで、所有者には税金の減免が、設計者には金メダルが与えられる。20世紀に入ると、それまで禁じられていた装飾を施すことや建物の角を丸くすることが許可され、レオミュール通りには、「奇怪で不可解な」建物が並ぶことに。

なるほど、交差点に建つ建物は角が丸く、ドングリの帽子みたいな屋根が載っかっている。

東欧都市の市庁舎を思わせるけれど、奥行きは2m。

こういう円錐形の部分は《胡椒入れ》と呼ばれている。

古典的様式とアール・ヌーヴォーが混合した過剰な装飾の建物も多い。"Café Lazar"というカフェがある61番地の建物は、ビザンチンとゴシックにルネサンスが混じってまさに《奇怪で不可解》な装飾。その上、間口は堂々としているのに奥行きは2m！ まさにウナギの寝床です。

124番地の建物は生地問屋の建物だった。設計はジョルジュ・シェダンヌ。

装飾を競う石造りの建物が多い中、垂直の鉄枠と大きなガラスで覆われた124番地の建物はシンプルそのもの。入口周りと出窓を支える曲線が、アール・ヌーヴォーの時代を示しています。

1905年の建築とは思えない。

06 ● ボブールからマレ地区へ。

人形、ブランクーシ、工芸と技術の進歩を見る。

わたしはゆめみるしゃんそんにんぎょう……。

ポンピドゥ・センターの裏手、ランビュトー駅の脇から入る路地に、高い塀に囲まれて小さな公園がある。公園の脇に「ミュゼ・ド・ラ・プペ（人形博物館）」がある。歴史や素材、フランスやドイツなどのメーカー別に分類された400を超える人形が集合しています。

1878年のパリ万国博に登場した等身大の人形《ベベ》が大流行。中でもメランコリックな表情の《ジュモー》のビスクドールが人気を集め、フランス人形の黄金時代を迎える。その後"SFBJ"がジュモーの型を受け継ぎ、さらに多様な人形を開発して、20世紀半ばまでフランス人形の代名詞となっていた。現在アンティーク屋に並んでいる人形の大半は、この"SFBJ"の製品です。

1930年ごろからのフランス人形は、妙にリアルな（どちらかというとブスな）顔になる。で、今のフランスの子どもに人気の人形は、キティちゃんなのですが……。

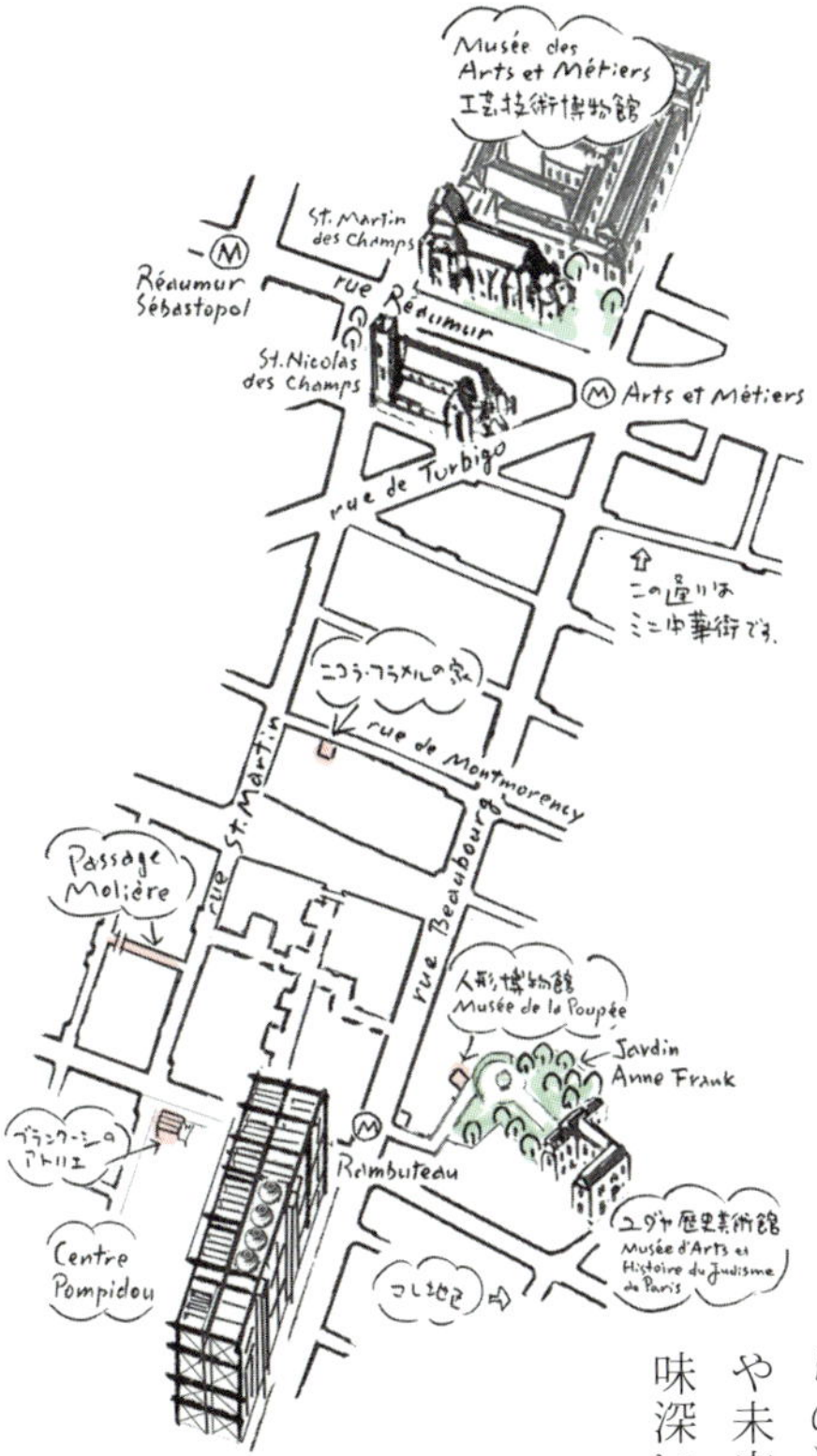

人形博物館横の公園は、アンネ・フランク公園という。マレ地区は中世以来、ユダヤ人が多く住む街です。公園の奥に見える17世紀の屋敷サン・テニャン館が「ユダヤ歴史美術館」になっている。伝統的な装飾品と、シャガール、スーチン、モジリアニなどの作品がある。ミュゼの入口は、建物の向こう側、タンプル通りにあります。

ポンピドゥ・センター前広場北側の、一見倉庫のような建物に、ルーマニア生まれの彫刻家コンスタンタン・ブランクーシのアトリエが再現されている。彼は30年間過ごしたモンパルナスのアトリエと、そこにあった作品や遺品のすべてを、死の前年1956年にフランスに寄贈していた。独特のつるんとした彫刻が、天窓からの光でやさしい陰影を見せています。道具類や未完の作品が置かれたふたつの作業場も興味深い。

50点ほどの作品が静かな空間に置かれている。

「パサージュ・モリエール」は、画廊やアクセサリーなどのアートっぽい店が並ぶ静かな小路です。目と鼻の先のポンピドゥ・センターとはまるで異次元の、ひと昔前のパリの路地裏の風情。演劇・映画専門の古本屋の窓にはジャック・タチのポスターが並び、石畳にレストランのテーブルが出ています。路地の中ほどの、18世紀から続くモリエール劇場の楽屋口が「メゾン・ド・ラ・ポエジー」という、詩の朗読や詩を主体にした演劇の専門劇場になっている。

パサージュ・モリエール。

この店の入口はサン・マルタン通りに。

錬金術、工芸と技術のミュゼ。

サン・マルタン通りを北へ、モンモランシー通りを東に曲がると“Nicolas Flamel”という名のレストランがある。１４０７年に建てられたこの家は、現存するパリの民家でいちばん古い建物。店名はこの家の主だった高名な錬金術師の名。「賢者の石」の奥義を発見したとされ、『ハリー・ポッター』にも登場するフラメル夫妻は、ここで貧しい人々にタダで食事を提供していたそう。

ニコラ・フラメルの家。

「アール・ゼ・メチエ博物館」（国立工芸技術博物館）は、19世紀初めに国立工芸学校に付設されたミュゼです。革命までは修道院だったところで、13世紀の礼拝堂が初期の飛行機や自動車の展示室になっている。パスカルの計算器、ニエプスやダゲールの写真機、リュミエール兄弟の映写機……と、技術の進歩に貢献したあらゆるものがぎっしり。

　メトロ11号線のアール・ゼ・メチエ駅は、ホーム全体が銅板で覆われ、天井には大きな動輪や歯車。ＳＦの元祖ジュール・ヴェルヌの『海底二万里』のノーチラス号の内部にいるよう。壁の丸窓も、原書の表紙の絵のまま。まさにその名にふさわしい駅です。

サン・マルタン・デ・シャン礼拝堂の複葉機。

エミール・ガレのガラスもある。

11号線のホーム。3号線はふつうの駅。

マレの北、モダン・アートと19世紀の市場。

王政時代の貴族たちが住んだ館が数多く残る歴史的街区マレ地区。15～18世紀に建てられた貴族の館の大半は、美術館、博物館に使われている。「フランス歴史博物館（スービーズ館）」から「パリ歴史美術館（カルナヴァレ館）」、そしてヴォージュ広場へと抜けるフラン・ブルジョワ通りあたりには流行の店が連なって、夜更けも日曜も人の流れが絶えません。

「狩猟自然博物館（ゲネゴー館）」や「ピカソ美術館（サレ館）」の北側は、ふつうの市民の住む地味な地域だったけれど、古い建物を改装した画廊やモードのブティックが次々に進出して、商店と職人のアトリエの並ぶ昔ながらの街の様相が一変してしまった。

メルシーの利益はマダガスカルの児童福祉に使われる。

とくに、マレの東端を走るボーマルシェ大通りに、室内装飾用の布地業者の建物だった吹き抜けの広い空間を改装した"merci"が開店してから、おしゃれな街オ・マレ（上マレ、日本では北マレとも）としての地位が高まったよう。ナチュラル志向のモードや雑貨から花屋や古本屋兼カフェ、レストランまであるメルシーは、流行に敏感なパリのおしゃれ人種にも注目の場所。

マレの画廊のほとんどは現代アートが専門です。チュレンヌ通り76番地、前庭の優雅な階段を上る〝Galarie Perrotin〟は、17世紀の館を改装した高い天井の部屋がいくつもあるぜいたくな画廊。ドゥベレム通り14番地の静かな中庭に面した〝Taïss〟は、写真中心のすっきりした展示空間。サントンジュ通りの〝Almine Rech〟は、車の修理工場だったという1000㎡のスペースを改修している。この地域だけで、大小40軒近い画廊があるのです。

エマニュエル・ペロタン画廊の別館。

前庭に面したペロタンの本館は優雅な17世紀の空間。

タイス画廊も表の通りとはまるで別世界に隠れている。

アンファン・ルージュとタンプル市場。

賑やかなブルターニュ通りから入り込んだところに「マルシェ・デ・ザンファン・ルージュ」がある。小さいけれど、現存するパリ最古の市場です。ここにはイタリア、モロッコ、そして日本食など、それぞれ安くて美味しい屋台レストランがあって、いつも行列ができている。

ブルターニュ通り北側のタンプル地区は、12〜13世紀のヨーロッパ全域で権勢を誇ったタンプル騎士団（英語ではテンプル）の要塞があったところです。革命のとき国外逃亡を図って捕まったルイ16世とその家族4人は、要塞のタンプル

現代デザインの屋台が並ぶデ・ザンファン・ルージュ市場。

塔に幽閉された。王が処刑された後王妃マリ・アントワネットは、裁判のためにシテ島のコンシェルジュリーに移送され、結局ギロチン台へ。19世紀になってタンプル塔は完全に取り壊され、跡地に衣料品の露天市「タンプル敷石市」が開かれ、1863年には現在見られる鉄とガラスの「タンプル敷石市」が建てられます。この建物はパリに現存する最古の市場建築。敷石市以来の伝統で、近年まで安物の衣料品市場が開かれていたけれど、2013年には文化・スポーツ施設として再生する予定です。

17世紀の修道院跡の教会。シャルロ通りには昔のマレの静けさが残っている。

タンプル敷石市。

マレの南、写真美術館からセーヌ河岸へ。

“MEP”が通称のヨーロッパ写真美術館。

サン・ポールの駅からすぐ、田原桂一設計による「石庭」に面して建つ「ヨーロッパ写真美術館」は、18世紀の館と新しい建物が違和感無く結ばれている。窓からのやわらかな光の射しこむ展

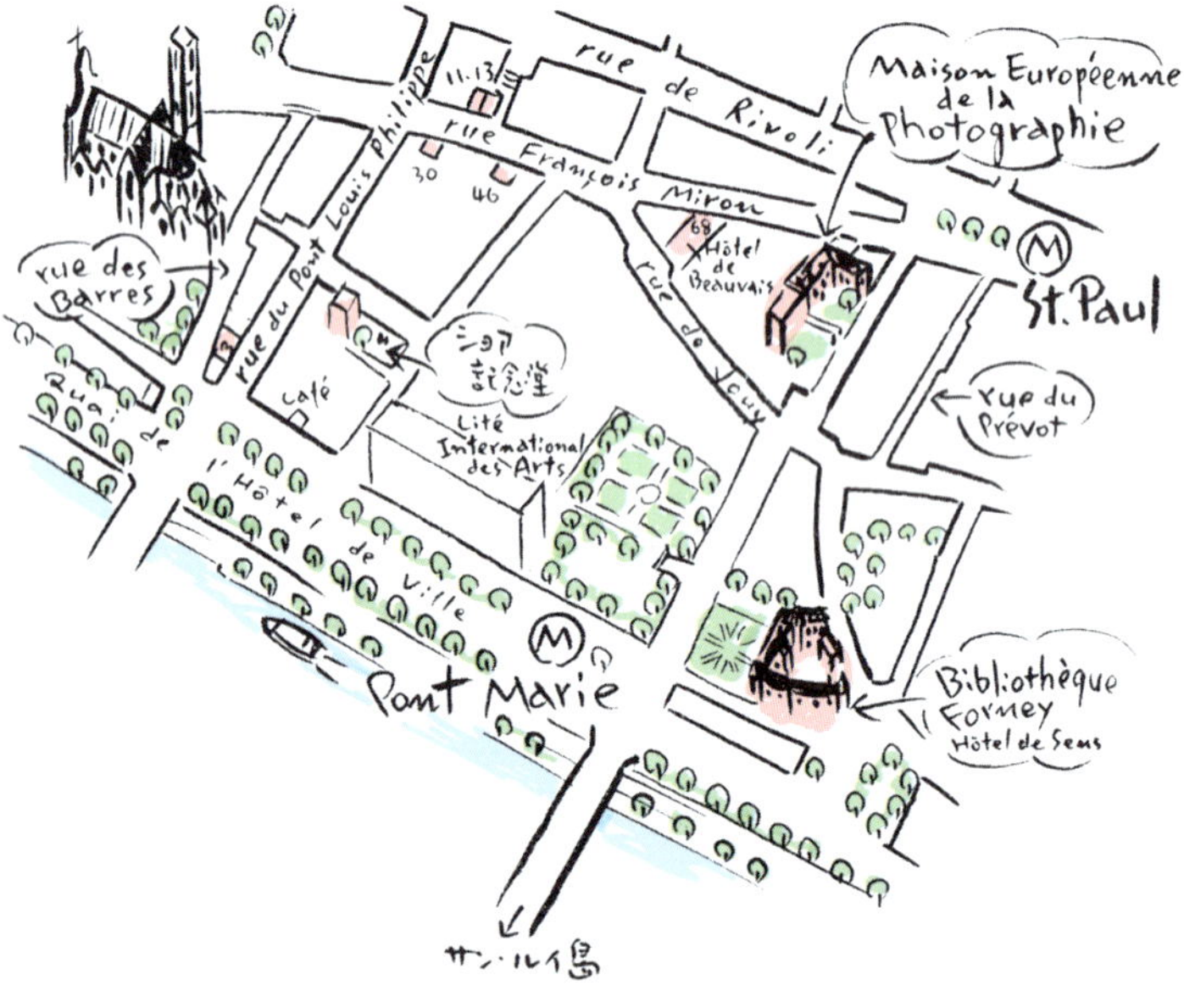

示室では、いつも大小いくつかの展覧会が開かれている。チュイルリー庭園の「ジュ・ド・ポウム」は国立の写真展示場で、ここはパリ市の展示館。オルセー美術館や国立図書館など、パリには写真の収集や展示に力を入れている機関が多い。

アジェ、マン・レイ、ブラッサイ、イジス、ケルテス、カルティエ・ブレッソン、ドワノー、ブーバ、ウィリー・ロニス……と、パリは写真でも世界の中心地だった。今も世界中の写真家がやってきて、パリを撮り、作品を発表している。

写真美術館の西、セーヌへ向かうルイ・フィリップ橋通りの写真専門画廊“agathe gaillard”は、1975年の創立。女主人のアガトさんは、右に挙げた写真家たちの多くとも友人だったというパリ写真界の重鎮おばあさんです。

この通りには古楽器店や修道院で作られる製品の店などが並んでいて、覗いて歩くのも楽しい。

アガト・ガイヤール画廊。窓の向こうは裏のバール通り。

すぐ裏手、サン・ジェルヴェ＝サン・プロテ教会の後陣に続くバール通りは、「アガト・ガイヤール」の裏口や、修道院製のクッキーや蜂蜜などの店、それに気軽なカフェもある、車の入らない静かな緩い坂道です。

アウシュビッツの記憶、中世の細道。

「ショア（ユダヤ人大虐殺）記念堂」は、第二次大戦中に殺された人々の慰霊碑。ナチスとユダヤ人に関する記録資料が展示されている。通りを挟んだ隣の学校の壁の銘板には、「ナチス占領時の1942年から44年の間に、フランス全国で1万1000人の子どもたちが、ユダヤ人の子だという理由でヴィシー政権の警察によって連行されアウシュヴィッツへ送られた。パリ4区では500人以上。この学校の生徒も大勢いたことを忘れません」とあります。

バール通り。左上に16〜17世紀の教会がある。

1763〜64年、フランソワ・ミロン通りのボーヴェ館に7才のモーツァルトが滞在、コンサートが開かれた。46番地の「歴史的パリ保存協会」では16世紀ゴシック様式の地下倉を見学できる。30番地の世界の香辛料を売る"Izrael"の建物は14世紀。向かい側11番地の、パリでは珍しい木組みの家は、15世紀初頭の建築です。

サン・ポール駅から入るプレヴォ通りは、13

銘板の文はフランス自身の責任と反省も。

死者の名が刻まれた壁の前で歴史の授業です。

フォルネイ図書館はフランス後期ゴシック建築の代表です。

世紀以来の中世の細道。ここを南へ行くと円錐形の屋根がのっかった塔を持つサンス館がある。サンスの大司教のために15世紀に建てられた館は、今「フォルネイ図書館」。工芸美術専門のユニークな図書館で、ポスター、製本、服飾、手芸などの貴重な収集品の展覧会が開かれます。

シュリー・モルラン。パリの都市計画展示場。

シャルル5世通りの古レコード屋さん。

火・水曜休みのアンティーク店が多い。

サン・ポール通りとその奥の中庭に骨董・古道具の店が集まった「ヴィラージュ・サン・ポール」は、17~18世紀の古い街区をまるごと改装したところです。アンティーク店と画廊、それにレストランやカフェが、大小の中庭が結ばれた穏やかな空間に並んでいる。

ヴィラージュ・サン・ポールの西側、金網で囲まれた運動場の隅に、12世紀のパリの市壁が残っている。フィリップ2世(オーギュスト)の時代に築かれた古い石垣の壁の下で、子どもたちが元気にボールを蹴っています。

にぎやかなフラン・ブルジョワ通りやヴォージュ広場あたりと違い、このセーヌ寄りの地区

昔風の定食屋、ル・タン・デ・スリーズ。

12世紀のパリはここが東端だった。

は同じマレでもずっとひっそりしている。サン・ポール通り東側の16～17世紀の家並みに、額縁やタイル職人の店、古レコード店、昔ふうのレストランが隠れています。

サン・ルイ島の東端で、カルティエ・ラタンの東とマレ地区の南を結ぶシュリー橋。島の南側を航行してきた遊覧船が、サン・ルイ島を過ぎて広くなったセーヌをターンして、今度は島

左がサン・ルイ島。セーヌを航行する船は、シテ島とサン・ルイ島の周りでは一方通行なのです。

の北側を戻っていく。この橋近くのサン・ルイ島は歩く人も少なく、住人が犬とのんびり散歩している。橋からのサン・ルイ島の眺めがまたいいのです。

パリの建築展示場。

「パヴィヨン・ド・ラルスナル」は、パリ市の都市計画と建築の展示場です。元は材木屋だった19世紀末の鉄とガラスの建物を改装している。

吹き抜けのホールには、2000分の1のパリの立体地図が置かれ、パリの街造りの歴史と、進行中の都市改造計画が模型や映像で展示されている。

古く美しい街パリは、歴史遺産を保護する一方で、エッフェル塔以来常に新しい話題を提供する街でもあった。20世紀末からも、ルーヴルのピラミッド、新オペラ座、ラ・ヴィレット、デファンスの新凱旋門、ラ・ヴィレット、新国立図書館、ケ・ブランリー美術館などをつぎつぎ完成させ、今も古い産業施設を文化施設に改修し、これらの施設を核にした地域再開発や緑化、歩行者や自転車専用路の拡大、トラムの導入などで注目されています。

だいたい建築模型というのは魅力的で、ときに本物よりよく見えることがあるもの。この展示館は、美しい都市パリがこれからも完璧な都市であり続けることを誇示するよう。

Arsenal＝アルスナルは、兵器工場、武器庫の意味。このあたり一帯は14世紀以来、王室の武器庫だった。「パヴィヨン・ド・ラルスナル」前の広場に面した「ラルスナル図書館」も、もとは武器庫の建物だった。図書館2階の、シモン・ヴーエの天井画で飾られた典型的なルイ13世様式の部屋や、ルイ15世様式の礼拝室が日曜の午後だけ公開されています。

手前が12・13区。再開発地区が赤く塗られている。

シテ島周辺木製立体模型。

10 ● カルティエ・ラタンとサン・ジェルマン。

花と緑と動物たちの植物園、自然史博物館。

セーヌ側の正門から広がる植物園の大花壇には季節の花が咲き乱れている。春には中ほどに植えられた日本の桜が他の花たちを圧倒します。

パリの植物園は１６２６年、ルイ13世の王立薬草園として開かれた。18世紀に『博物誌』で有名なビュフォンが園長になって敷地を広げ、自然科学全般の研究機関として充実させていった。

革命後の１７９３年からは「国立自然史博物館」となります。巨大な水晶やルイ14世の宝石コレクションの並ぶ鉱物館、昆虫館などがあって、いかにも《博物館》という感じがする。中でも正門横の古生物館は、19世紀末の細長い建物いっぱいにマンモスや恐竜の骨が並び、圧倒されます。

１８３０年に建てられた温室は、鉄とガラスの建築の先駆としても重要なもの。オルセーにあるアンリ・ルソーの『蛇使いの女』に描かれた熱帯植物はここで写生された。１９３７年の温室はアール・デコ様式のカマボコ型です。

温室北側の小動物園。ゾウやパンダはいないけれど、古めかしくても魅力的な家に、カモシカやラマ、サルたちがのんびり暮らしている。いちおうトラやクマもいます。夜行動物の家や「ボクは死んでない」というプレートがついた、動かないカエルがいる生態観察館がおもしろい。

グランド・ギャルリ。

大花壇の正面に宮殿のように建っている館が「グランド・ギャルリ」。１９６５年から30年間も閉鎖されていたこの巨大な建物には、博物学が華やかだった王政時代以来、世界中から集め

植物園の大花壇。正面奥にグランド・ギャルリ。

古めかしい古生物館の大きなアタマの恐竜さん。

19世紀の大温室のガラスは赤紫色に光ります。

小動物園では遠足の子どもたちの歓声が聞こえる。

グランド・ギャルリのサバンナの動物行進。

インド洋モーリシャス島にいたドードー。

られたあらゆる種類の動物の剥製《はくせい》や標本が並んでいた。でもゾウの目は腐り、サイの皮はひびわれ、19世紀末の建物も老朽化してお化け屋敷のようになってしまった。

ガラス天井まで吹き抜けの大空間は、19世紀末建築＝鉄とガラスの時代の典型です。30年ぶりに甦ったグランド・ギャルリは、古い建物を生かしながら、標本陳列館から、生物の進化と環境をテーマにした新しい自然史博物館に進化した。

建物の修復工事と同時に、蝶、ヘビ、ワシ、シロクマといった昆虫・動物たちの剥製や標本も専門家の手ですべてきれいに修復されています。

中でも圧巻は板張りの床を行進する動物たち。ゾウを先頭にサバンナを行くサイ、カバ、ライオン、キリンたちは、まさに「ノアの方舟」です。

「絶滅した、あるいは絶滅しそうな動物たち」の展示室も見逃せない。ドリトル先生やアリスでおなじみの奇妙な鳥ドードーの模型がある。やたらに美味だったうえ、鈍くてどんどん捕まえられ、ついに絶滅させられたという哀れな鳥です。

モスケのハッカ茶。

裏門の向かいの白い建物は「パリ回教寺院（モスケ・ド・パリ）」。正面はアラブ風サウナ（ハマム）で右手が喫茶室です。低いテーブルで、小さな色柄グラスに入れてくれるハッカ茶（テ・ア・ラ・マント＝thé à la menthe）を飲む。かなり甘いけどスーッと疲れが取れます。寺院の入り口は裏側。唐草文様の回廊に囲まれた静寂の中庭にはコーランが響いて、ここはもうイスラム世界です。

「アレーヌ・ド・リュテス」は、ローマ時代、1世紀末から2世紀初めに造られた円形劇場兼競技場遺跡。今は近所のおじさんたちのペタンクと子どもたちのサッカーの遊び場です。

オステルリッツ駅東のセーヌの岸辺に、黄緑色のチューブがうねるように付いた建物がある。モードとデザインの複合施設〝Les Docks en Seine〟（レ・ドック・アン・セーヌ）です。

資材倉庫を改築したレ・ドック・アン・セーヌ。

回教寺院。フランスではモスケという。

パンテオンの裏、学究たちの道。

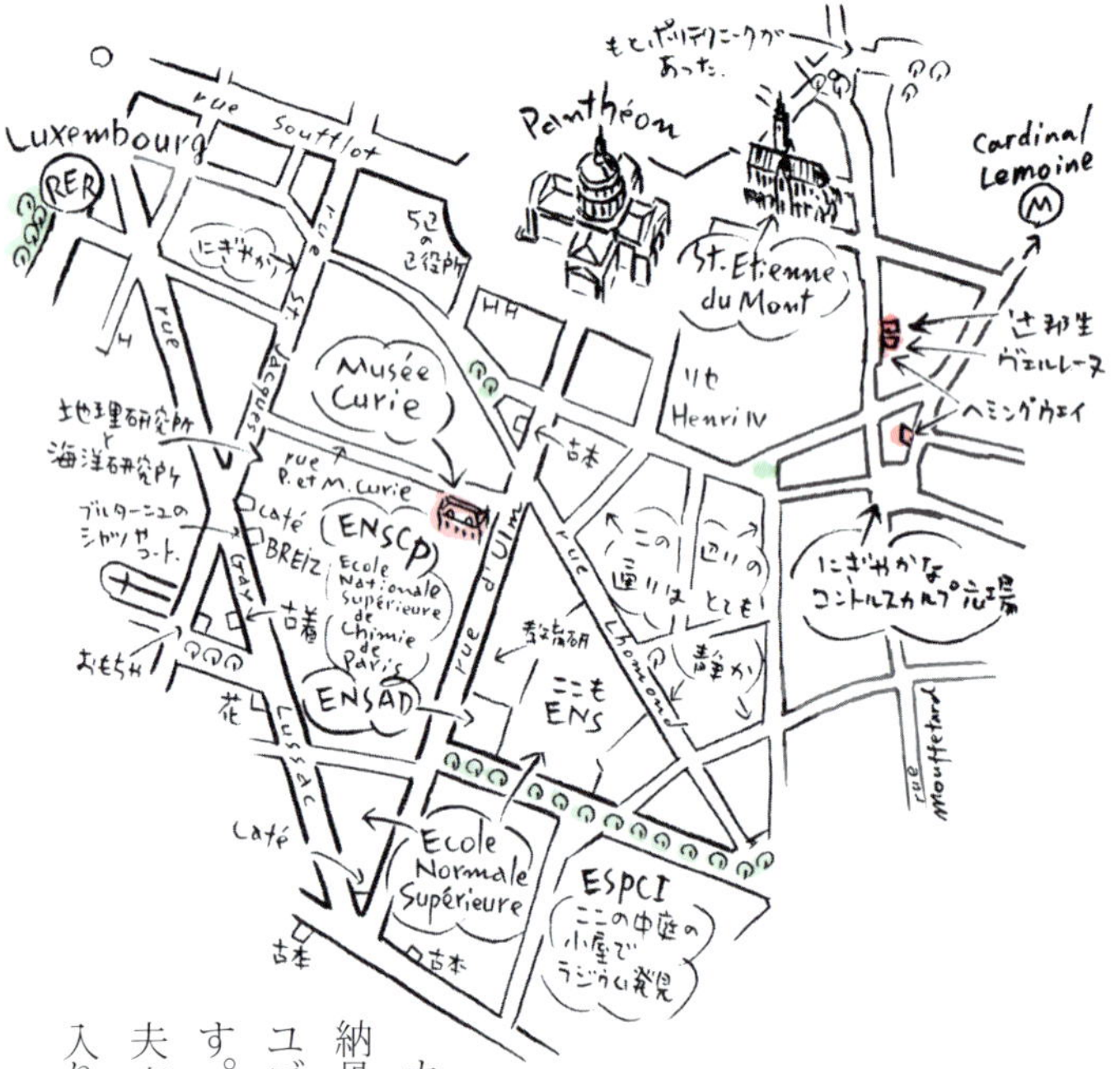

カルティエ・ラタンの中心、パンテオンの地下納骨堂には、ルソー、ヴォルテール、ヴィクトル・ユゴーなどフランスの偉人たちが祀られています。最近ではアレクサンドル・デュマが、キュリー夫妻、アンドレ・マルローに続いて偉人の仲間入り。『三銃士』や『モンテ・クリスト伯』のデュ

パンテオンは、左岸いちばんの高台にある。

マは、生まれて200年目の2002年に「グラン・ゾム(偉人)」の仲間入りしている。マリ・キュリーはパンテオン入りした初めての女性です。

パンテオンのすぐ南、ピエール・エ・マリ・キュリー通りに「パリ大学ラジウム研究所・キュリー館」と刻まれた小さな建物があります。ここは

リセ・アンリⅣの裏手からのパンテオンのドーム。

キュリー夫妻はフクシマをどう思うだろう。

キュリー夫人や娘のイレーヌとその夫フレデリック・ジョリオ・キュリー夫妻の研究所だった。今は「キュリー博物館」として公開され、実験装置や資料、遺品類が並んでいます。第一次大戦のとき研究用のラジウムをドイツ軍から守るため、マリがひとりでボルドーまで運んだという、20キロもある鉛の容器もある。驚いたのは「アルフレッド・キュリー博士」という怪しげなブランドの「ラジウム入りクリーム・白粉・石けん」。20世紀初めに売られていた商品です。ラジウムや放射線が魔法の薬のように思われた時代のもので、パンフレットも見るからにイカガワシイ。放射能で汚染されていた実験室は公開前に除去、危ないものは鉛容器に保管されているそう。

1898年にキュリー夫妻がラジウムを発見したのは、近くのパリ高等工業物理化学学校(ESPCI)構内のバラック建ての小屋だった。この研究室は真冬でもストーブひとつで室温が

6度しかなかったという。ポーランドからの留学生だったマリは文字どおり寝食を忘れて研究に没頭し、ノーベル賞を2度も受けた。マリの死因は自身が名付けた放射能の被曝といわれていたけれど、ラジウムではなく、普及に努めたレントゲンのX線のせいという説もある。あとを継いだイレーヌとフレデリックの死因は被曝です。

エリートたちの道。

パンテオンから南に伸びるウルム通りには、高等装飾美術学校（ENSAD）や、高等師範学校（エコール・ノルマル・シュペリウール＝ENS）があります。いずれもグラン・ゼコールといわれるエリート校。フランスのおもな工業デザイナーの大半はENSADの出身者だし、高等師範学校は、国立行政学院（ENA）、理工科学校（エコール・ポリテクニーク）と並ぶ超エリート校。卒業生にはアラゴン、ガロワ、パストゥール、サルトル、ポンピドゥ、デリダ、ミシェル・フーコー、ブルデューなどがずらり。

高等師範学校です。

というわけでこのあたりの通りには、静かに議論しながら歩く才媛、秀才クンたちがいる。

新婚の22才でパリにやって来たヘミングウェイは、カルディナル・ルモワーヌ通りの74番地に住

サント・ジュヌヴィエーヴは学問の女神でもあるらしく、教会には合格祈願の札が並んでいる。

デカルト通りの壁画はアレシンスキー作。

み、ヴェルレーヌも住んだデカルト通り39番地の屋根裏で仕事した。あ、隣の家には辻邦生がいた。あっちもこっちも時代を超えて文化的です。
　パンテオン裏手、パリの守護聖人サント・ジュヌヴィエーヴを祀るサン・テティエンヌ・デュ・モン教会から、元エコール・ポリテクニークの正門へ下る坂道ラ・モンターニュ・サント・ジュヌヴィエーヴ通りは、のどかで美しく、まるでトスカーナの田舎町にいるようです。

オデオンの医科大学の美しくて不気味な博物館。

13世紀以来の伝統を持つ医学校。古い陳列棚にさまざまな器具が並んでいる。

サン・ジェルマン大通りの地下鉄オデオン駅からサン・ミシェル大通りへ斜めに抜ける医学校通りには、その名のとおりパリ第5と第6のふたつの医学系大学の校舎が向かい合っています。

イオニア式の列柱が入り口に並ぶ第5大学（ルネ・デカルト）の一室が、「医学史博物館」として公開されている。

18世紀の建物の、まるでルーヴル美術館のような高い天井に圧倒されながら、案内板を頼りに立派な階段を3階（フランス式では2階）へ。ここ

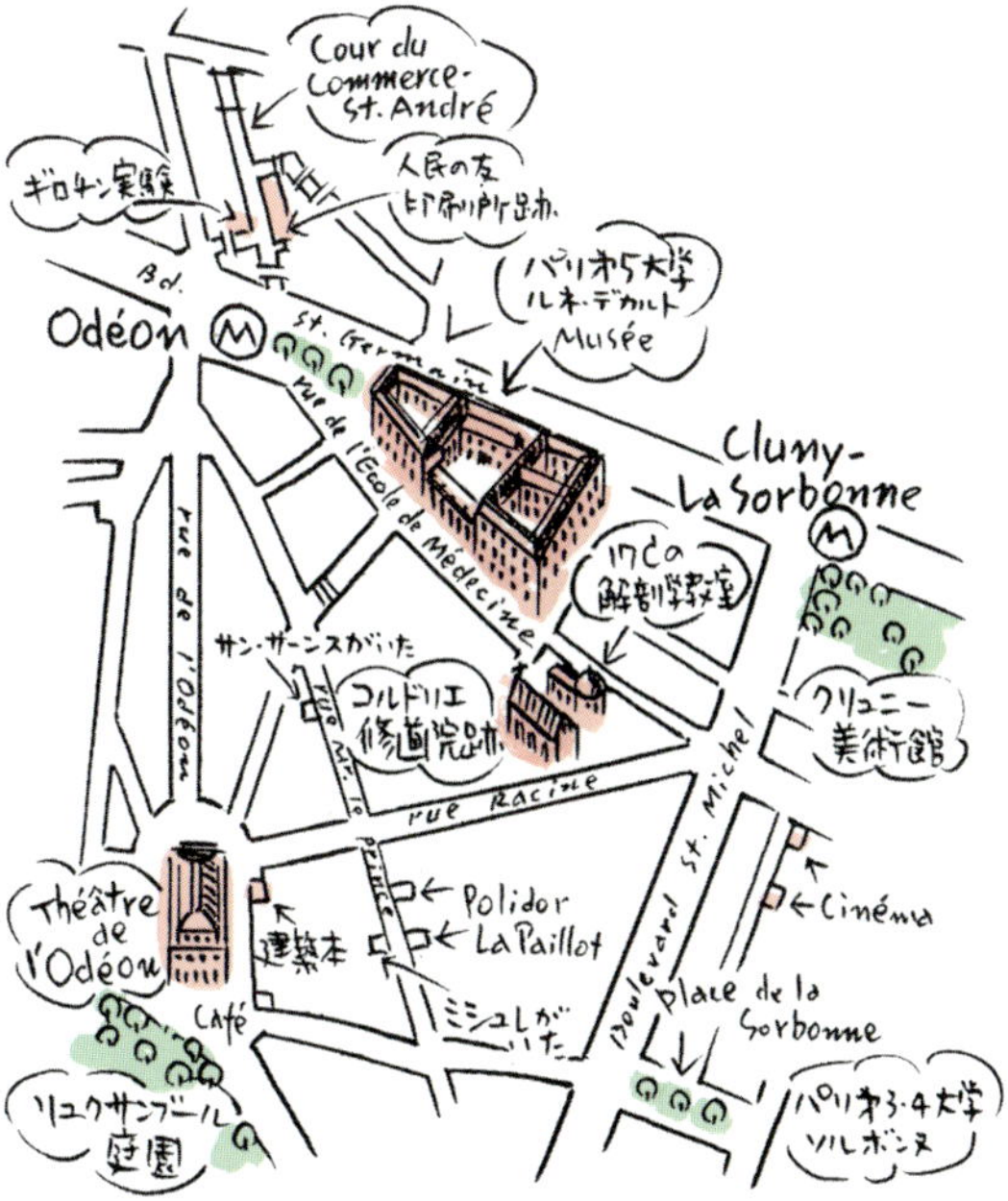

の構内は病院が無いから、クレオソートのにおいもしないし、白衣にサンダル姿も見当たりません。ミュゼはガラス天井で覆われ、中2階の回廊のある板張りの大きな部屋。17世紀の外科医の着た貴族的な制服のマネキンや木製の精巧な人体模型が迎えてくれます。

室内には、古代エジプトの外科手術に使われた青銅の刀やガロ・ロマン時代の薬から、19世紀までの医療器具が集められている。とりわけ、17〜19世紀の外科手術の器具類が多い。

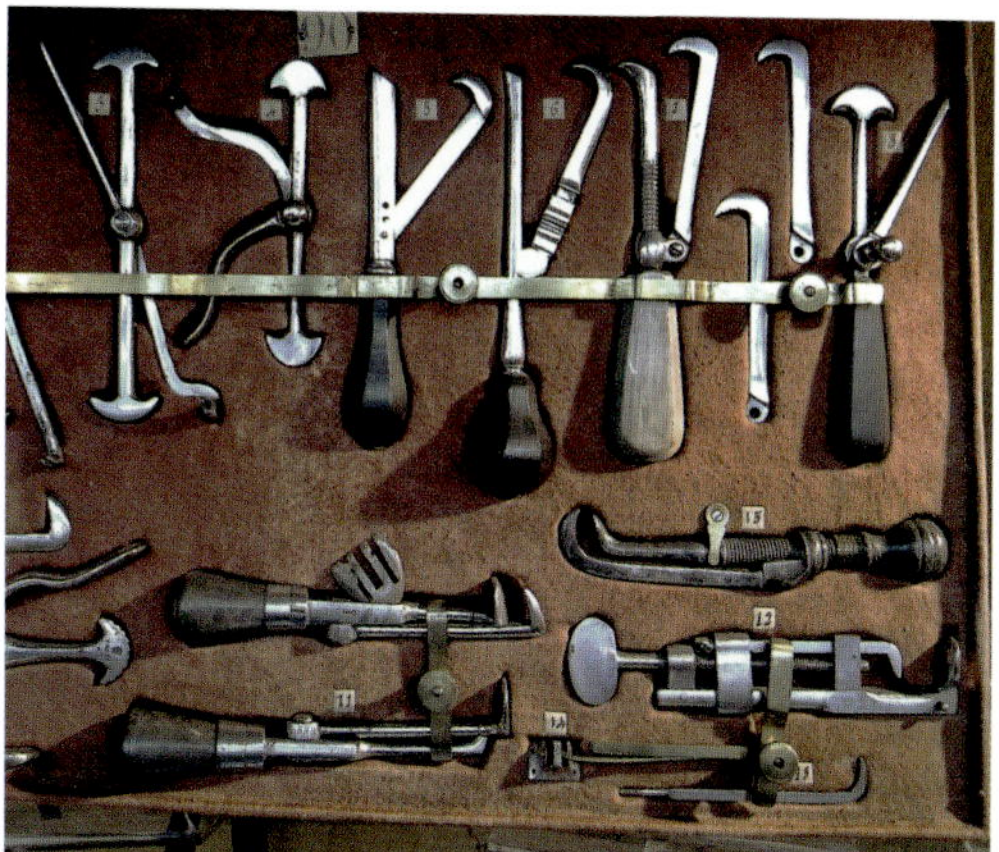

どう見ても精巧な大工道具です。

ピカピカの包丁やナタ、ノコギリ、ノミ、ドリル……。精巧な飾りが彫り込まれていたり象牙の柄がついていたりはするけれど、ほとんど肉屋や大工さんの道具です。まるで『ターミネーター』の世界のような義手、義眼、義歯などもぎっしり。

胃潰瘍という定説に、最近毒殺説も出ているナポレオンの検死解剖に使われたという道具や、ゴッホを援助した精神科医ガシェ博士の薬入れもある。小さなガラスのカプセルには、何の薬か白い粉薬が入ったままです。

革命、本屋、映画館。

向かいの中世のコルドリエ会修道院の食堂だった16世紀初めの建物は、革命時にデムーランやダントン、マラーたちが、コルドリエ・クラブを結成したところ。オデオン駅のそば、第5大学のはじっこあたりにあった家で暗殺されたマラーの遺体は、しばらくの間ここに安置された。後期ゴシックの建物は今、パリ市と市内の大学が開く展覧会や音楽会の場として使われています。

この先の黒い円屋根の建物は、中世の外科医協会のもので、円屋根の部分は解剖学の実習教室だったという。今は第3大学（ソルボンヌ・ヌーヴェル）の英語科の校舎。この建物でサラ・

ガシェ博士の薬。ゴッホが飲んだかも。

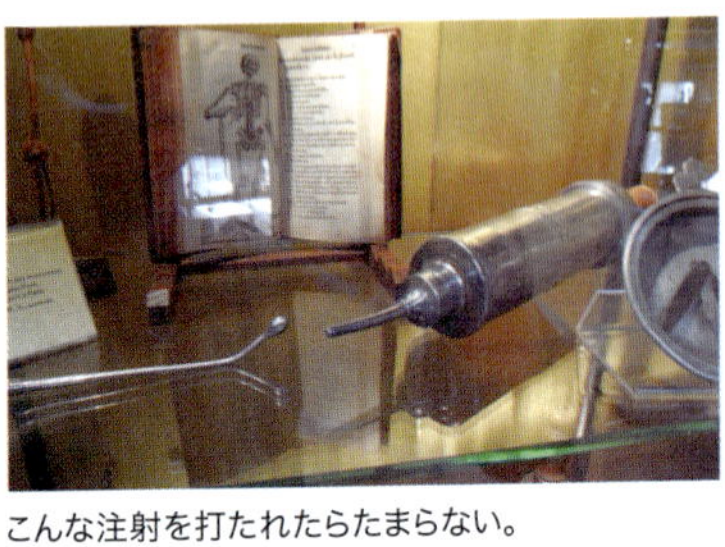

こんな注射を打たれたらたまらない。

ベルナールが生まれています。

レストランやバーが軒を連ねるムッシュー・ル・プランス通りやラシーヌ通りにも、歴史ある建物が並んでいる。このあたりには、アシェット、フラマリオンなど大小の出版社や新・古の本屋、それに小さなホテルがやたらにある。

オデオン駅付近はいつも若い人たちでいっぱいです。夕方の映画館には行列ができ、カフェから待ち合わせの人たちが重なって大変なにぎわい。人混みに立つダントンの彫像が《いざバスティーユへ!》のポーズで交通整理です。

サン・ジェルマン大通りを渡って「クール・デュ・コメルス・サン・タンドレ」に入ってみる。バルテュスの作品にこの路地を描いた絵がある。時が止まったようなこの絵に描かれた家は、マラーの新聞『人民の友』の印刷所だった。今はチョコレートの店です。向かいの家はギヨタン博士が羊の首でギロチンの実験をしたところ。カフェの元祖「ル・プロコープ」の裏口もある。ここはロベスピエールやダントン、ナポレオンが集まったことでも知られています。

旧コルドリエ会。右の建物に病理解剖博物館がある。

17世紀末の元解剖学教室。

ザッキンのアトリエと、ソヴァージュの白い建物。

ポール・ロワイヤルの交差点からリュクサンブール庭園の宮殿に向かって、6列の壮大な並木道があります。並木の始まりにある大きな噴水には19世紀の彫刻家カルポーの『天球を支える世界の四方位』と題する彫刻が立っている。

ここからリュクサンブール庭園の西端をかすめて、西北へ伸びるのがアサス通りです。地味な通りだけれど、大学やリセなど学校が多く、元気な声が響いている。

あたりの建物とは不似合いな近代建築のパリ第2大学（パンテオン・アサス）の隣、ふたつの建物の間に「ザッキン美術館」の看板が出ている。壁の隙間を抜けるとひっそりした空間。奥に隠れるように美術館の小さな門がある。木立に囲

庭に張り出したテラスの『金の鳥』1926年。親友のモジリアニやレジェ、ピカソやブラックも来ていた。

まれた前庭に入ると、独特の形のブロンズ作品が無造作に置かれています。

オシップ・ザッキンは、1890年ロシアに生まれ、19才でパリに出てきた。この小さな美術館は、彼が1928年から1967年に死ぬまで、画家で奥さんのヴァランティーヌ・プラックスと住んだアトリエです。ツルンとしてブランクーシにも似た初期の作品から、どことなくユーモラスで優しげ

『破壊された街』は1947年の作。

右のシルエットがオーヴェールのゴッホです。

なキュビスム時代、＃Ψ×X？みたいな表現主義や抽象彫刻へと、20世紀美術の流れをそのまま歩んできたザッキンの彫刻３００点が年代順に展示されている。

　最後の部屋にはゴッホ像の連作があります。オランダのズンデルトやプロヴァンスのサン・レミなど各地にあるゴッホ像の原型が並んでいる。中でひときわ大きな全身像は、ゴッホ終焉の地オーヴェールに立つ記念像の原型です。

　このゴッホ像を「粘土で描いた絵。木炭を持った右手が今にも動くよう」と評したのは堀内誠一さん。ゴッホに対するザッキンの強い思いが伝わってきます。

ソヴァージュの階段状建築。

リュクサンブール庭園の緑の前を曲がると、チョコレートや流行モードのブティックが並ぶヴァヴァン通りです。三角形の小さな広場に面して、白いタイル張りの建物が建っている。紙と文具の“Marie Papier”、室内ゲームや玩具の“Rouge et Noir”など、しゃれた店が並んでいます。

　この建物は、フランス20世紀前半の代表的な建築家アンリ・ソヴァージュが、１９１２年に建てた

この真っ白なタイルは、メトロ駅の壁面にも使われている。

ルージュ・エ・ノワール（赤と黒）のけん玉。

もの。アール・ヌーヴォーの名建築として名高い、ナンシーのマジョレル邸や、サマリテーヌ百貨店などを設計したソヴァージュは、しだいに合理的な都市建築としての共同住宅の設計に没頭する。この建物のような階段状の建築を追究し、30年代初頭のポルト・マイヨーやセーヌ河畔の再開発計画コンペでは、巨大なピラミッド型の高層建築を並べる未来都市案を構想していた。『ラストタンゴ・イン・パリ』をはじめ映画にもよく登場するこのヴァヴァン通り26番地の白く輝く建物は今見ても新鮮で、早過ぎた近代建築家の夢を映しているようです。

ヴァヴァンの交差点に、ロダン作の『バルザック像』が立っている。太った身体をシーツでくるんだような、というのは失礼かもしれないけれど、それまでのリアルで偉そうな肖像彫刻には見られなかった荒々しく力強い彫刻です。ロダン美術館にはこの像のための習作がたくさんあるけれど、ハダカのバルザックはみごとな太鼓腹。なるほどシーツでくるんだロダンの判断は正しかったようです。

骨董と画廊の街、ヴェルヌイユ通りの落書き。

破風を支える女人像柱カリアティッド。

大きな陶製の馬。たぶん古代中国のもの。

オルセー美術館の裏側からサン・ジェルマン・デ・プレにかけての一帯には、驚くほどの数のアンティーク屋と画廊が集まっています。

ルイ15世様式の家具調度などのキンキラものを扱う店が多い。仏像や屏風、古伊万里などが並

ぶ本格的な東洋美術の店もある。それぞれ専門があるの中で、エジプトやギリシアの彫刻、中世の聖母像やタピスリー、ティエポロやフラゴナールからシャヴァンヌ、ピカソの絵まで、どう見ても美術館クラスの作品も売られている。

いったい誰が買うのかと思うけれど、いかにもそれらしい客が目を皿のようにして点検していたり、値段の交渉をしている姿を見かける。このあたりを歩くと、美術館の収蔵品が元来は個人のコレクションに基づいていることがわかります。

19世紀から20世紀初めの作品を集めたオルセー美術館の名作も大半が、松方コレクションをはじめ個人の収集品だったもの。

パリ市近代美術館で、個人所有の作品ばかりを集めた展覧会を見たことがあったけれど、美術館の収蔵候補はまだまだたくさんあるんだな、と思った。フランスでは相続税の代わりに美術品の物納でというのが一般的だし、重要な作品は国外に売ることを禁じている。いずれは公立の美術館へ、というわけです。

ヴェルヌイユ通りは、両端がつき当たりになっているため、通り抜ける車も少ない静かな通りです。

この地区の画廊や骨董屋の連合「カレ・リヴ・ゴーシュ」の看板。

カギ屋や電気屋の古い看板がいい。昔ながらの小さな肉屋やチーズ屋、タイル屋、クラヴサンなど古楽器の修復や製本のアトリエの間に、画廊や骨董屋が軒を連ねています。

セルジュ・ゲンズブール。

この辺りには18世紀ごろに造られた家が多い。ヴェルヌイユ通り5番地の、塀の上に古い金色の鉄柵をつけた屋敷も18世紀の建物です。ここにゲンズブールが住んでいた。

静かなアレン通り。

無頼な行動、独特の風貌と声で人々を惹きつけた彼が死んで、もう20年以上経ったけれど、この門や塀にはセルジュさまへの思いのこもった落書きがいっぱい。それも年とともに更新されている。書き重ねられた文のひとつひとつを、ていねいに読んでいく人も多い。さっぱり人の入らない近所の画廊よりも、よほど人気のある野外ギャラリーです。

オルセー美術館寄りの一角には、ヴェトナムやロシア、レバノン、インド、それにバスク料理などのレストランが並んでいる。「国立書籍センター」の"Café des Lettres"の中庭では、作家風の人たちが静かに文学論を戦わせている。突き当たりの18世紀初頭の館「メゾン・デ・ポリテクニシャン」は、カルロス・ゴーンさんも卒業した高級官僚養成の理工科学校(エコール・ポリテクニーク)の同窓会館。ここのレストランは誰でも入れるけれど、ちょっと敷居が高い。

野外ギャルリ・ゲンズブールです。

ユニヴェルシテ通りに《ここでアルフォンス・ドーデが死んだ》という銘板がある。向かいには、古ポスターを置いた古本屋、サンペやサヴィニャックの原画を置いた画廊が並んでいる。

バック通りを南へ下りると、ミロ、シャガール、カルダー、ジャコメッティなどの作品を揃えた画廊"MAEGHT"があり、その先の、動物の剥製と昆虫標本の老舗"DEYROLLE"(デロール)がある。どちらも覗いてみる価値のあるところです。

剥製屋「デロール」は1831年創業。

rue de Babylone 15

バビローヌ通り、百貨店の元祖から中国風映画館まで。

ガラス天井の模様は、唐草や格子など、売り場によって変わる。

三角形の公園「スクワール・ブシコー」に面した「ル・ボン・マルシェ」は、1852年創業という世界最古のデパートです。公園の名前はもちろん、この百貨店の創業者アリスティド・ブシコーから。彼は19世紀になって貴族に代わって登場した新しいブルジョワ階級の《専業主婦》を対象に、社交と消費の場としての装置「グラン・マガザン」を発明した。鹿島茂さんの本『デパートを発明した夫婦』（講談社刊）を読むと、そのアイデアと徹底したやり方に驚かされます。

1876年に完成した鉄骨構造の建物は、エッフェル塔を設計した技師エッフェルが協力したもの。大きな吹き抜け天井をはじめ、最上階にはいくつもの明かり採りのガラス天井がある。19世紀建築の粋、鉄とガラスの装飾がみごとです。

本館裏にある別館の地上階(日本式では1階)は、お土産選びにも便利な食品売り場「エピスリ・ド・パリ」です。

この別館のすぐ横の「奇跡のメダイユの聖母礼拝堂」は、1830年に聖母マリアが出現したというカトリックの聖地。世界中からやって来た信者たちが記念のメダルを買っています。聖母を見たという修道女カトリーヌ・ラブレに捧げられた礼拝堂にも、おそるおそる入ってみました。ガラスのお棺に生きたままのお姿で眠る(!?)聖女カトリーヌは、まるで白雪姫です。

バビローヌ通りの定食屋「オ・バビローヌ」。

ガラスの棺の前で祈る熱心な信者たち。

エア・ポケットの公園とパゴド。


「コンラン・ショップ」の先の小公園「スクワール・デ・ミシヨン・ゼトランジェール」に立つ像は、すぐ前の家に住んでいたシャトーブリアンさん。

石塀が続くバビローヌ通り、お巡りさんがいつも見張っているのは、首相官邸(通称マティニヨン)の裏口です。

向かいの塀に囲まれたカトリーヌ・ラブレ庭園は、修道院の菜園だったという静かな別天地。葡萄のトンネルもある。鳥の声と花に囲まれた芝生に寝転んで流れる雲を眺めていると、すぐそこに首相がいる場所とは思えません。庭園の南側は17世紀創立の病院だった。2000年に15区に出来たポンピドゥ病院に吸収され、跡地は再開発され、カトリーヌ・ラブレ庭園と結ばれた新しい公園が造成中です。

名画専門の映画館〝La Pagode〟(ラ・パゴド)は、1895年に建てられ、中国公使の迎賓館に使われたこともあるという中国寺院風の建築。小さな庭のしつらえも大映写室の内装も、みごとに中国風です。

向かいの〝Ciné-Image〟は古い映画ポスターの店。この辺りには、おしゃれな花屋や軽い食

カトリーヌ・ラヴレ庭園の昼休みは、テイクアウトの昼ごはんの人たちの青空食堂に。

ラ・パゴドの小さな庭。

映写室のチュウゴク内装にも注目。

ヴァノー駅の入口。

事の出来る店が増えている。

ウディノ通りは、17～18世紀の建物が続く落ち着いた通り。この通りの旧名がプリュメ通りで、どうやらヴィクトル・ユゴーの『レ・ミゼラブル』で、ジャン・バルジャンとコゼットが隠れていた屋敷はこの中の1軒という設定だったらしい。

セーヴル通りのヴァノー駅は、1925年の建築。赤いプレートの、鉄の飾り枠や駅名と《METRO》の文字が、いかにもアール・デコしています。

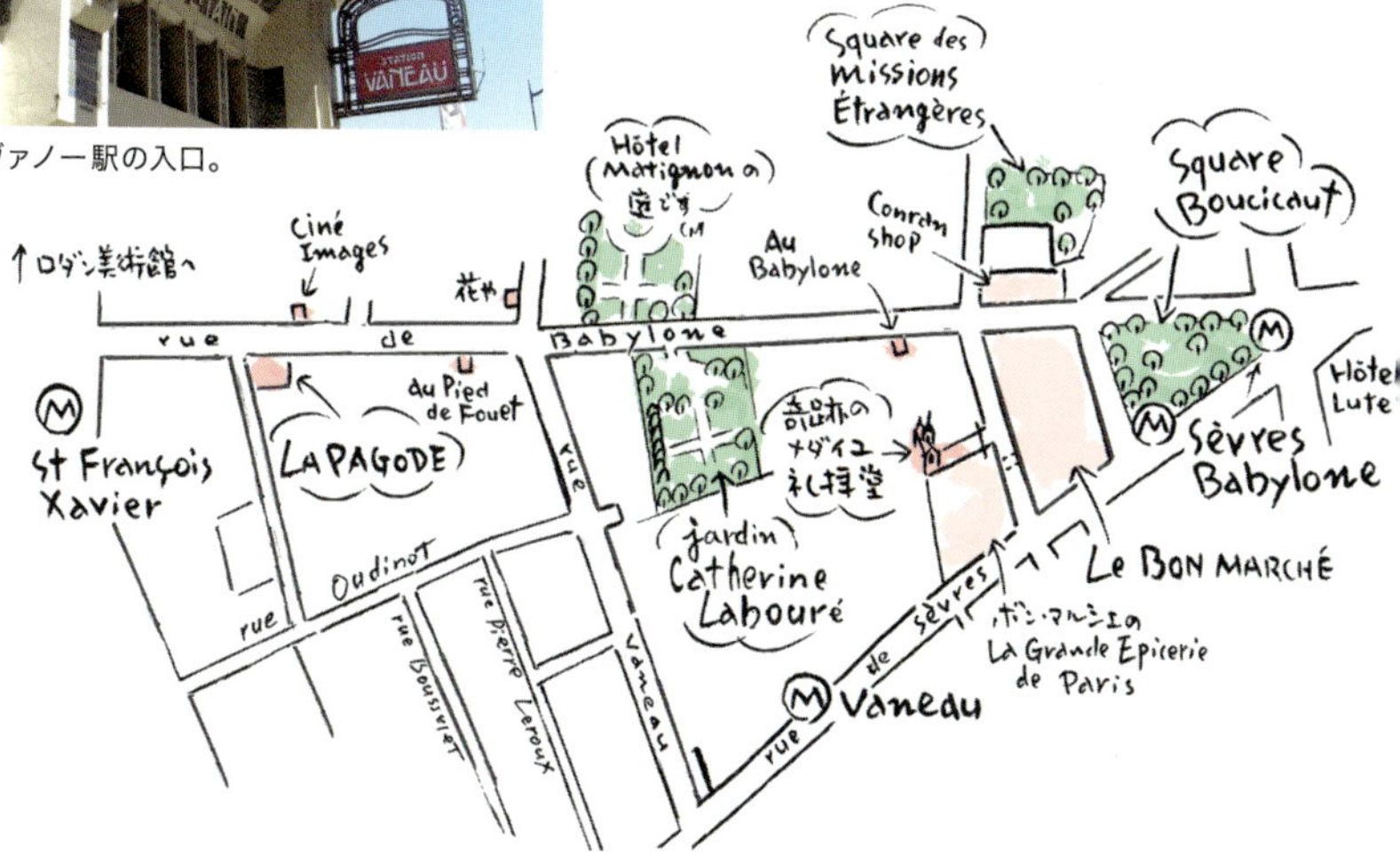

エッフェル塔の足もとに退廃のアール・ヌーヴォー。

アルマ橋から南に伸びる広い並木道ラップ大通りの29番地に、奇妙な入り口の建物があります。吊り上がった目のついた仮面のような扉、扉を囲む植物図柄の柱(?)の茎や葉には、昆虫の足みたいな模様が刻まれている。1901年に、ジュール・ラヴィロットが設計したこの建物は、周囲の古典的な建物の中でひときわ異彩を放っている。

窓周りや上の階のベランダの柱や壁面は、すべて複雑な形の窯変タイルで覆われている。この建物の所有者だったアール・ヌーヴォーの陶芸家ビゴの作品です。入口の扉を囲んで絡み合う、蔦状植物の装飾は、女性器を表現しているといわれている。そういわれればまぁ、そう見えなくもない。ダリが絶賛したというのもうなずけます。

手前が29番地。装飾が階ごとに変わっている。

郵便局横の袋小路スクワール・ラップの奥にも、ラヴィロットが設計した1899年の建物があります。やはりビゴのタイルで装飾されているけれど、全体はアール・ヌーヴォーというよりネオ・バロック風の建築です。

家主のビゴはギマールやペレの建物のタイルも手がけている。ここはビゴ作品の現物見本だった。

組格子の左がラヴィロットの建物。

この建物の前に、おそろしく装飾的な鉄柵で囲まれた庭がある。小さな庭の正面、袋小路のつき当たりには、これまたやたらに複雑なトロンプ・ルイユ（だまし絵）の組み格子装飾が、高い壁を埋めています。この壁の格子は、建築当時の写真にも写っている。こうした格子は、古い館の大広間やバラ園などによく見られるけれど、ここまで手

袋小路から眺めるエッフェル塔。

のこんだものは珍しい。

装飾過剰にゲップが出る感じで、向かいの建物をふと見ると、ここには金ピカモザイクの神様模様。「フランス神知学協会」つまり、魔術、オカルト、超常現象などのセンターなのです。

ちょっと不気味になって振り向くと、薄暗い袋小路の正面に、健全そのもののエッフェル塔がしっかりそびえています。

裏手のセディコ通りにあるイタリア人学校もやはりラヴィロットの設計。これはネオ・ゴシック風アール・ヌーヴォーです。

鉄やタイルなどの素材を、構造や外観に有機的に生かすのがアール・ヌーヴォー建築の特徴だけれど、鉄筋コンクリートの構造を装飾で覆いつくした彼の建築は、《溶けかかった豚油で包んだネオ・ゴシック》だという非難も浴びている。たしかにかなりなゴテゴテ趣味で、住みたいとは思わないけれど、今どきの建物に比べると、素材の確かさと、技術の巧みさには感心させられます。

おいしい街へ。

サン・ドミニク通りには、おしゃれなブティックや、おいしそうな肉、惣菜、果物などの店が並んでいます。「フォンテーヌ・ド・マルス」という古い泉がある。この泉と同じ名の店は、1908年創業の古いビストロで、オバマさんも食べた店だけど、

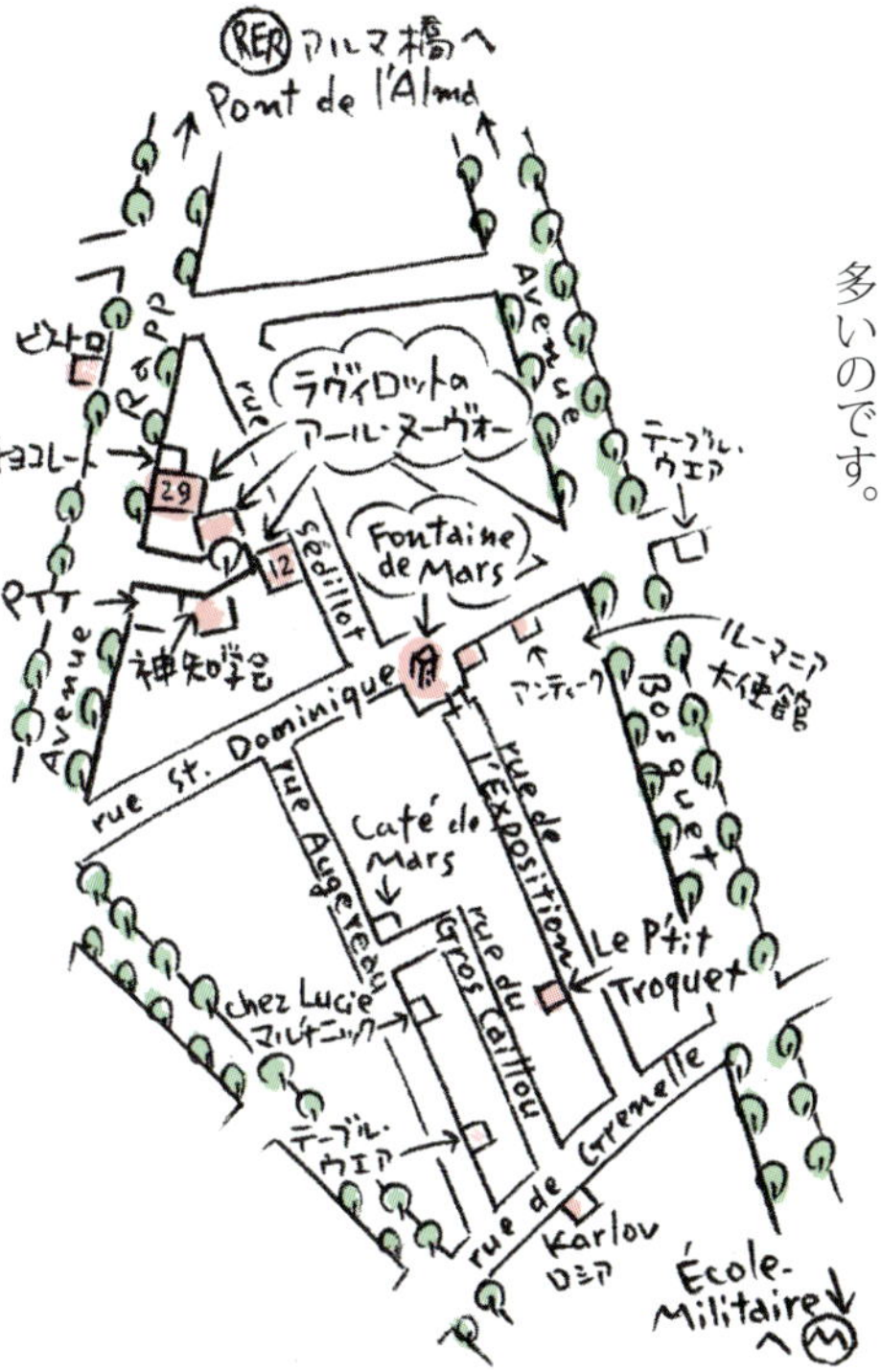

主人が代わって、すっかり高くなってしまった。泉の後ろのアーチをくぐると、博覧会通り（リュ・ド・レクスポジション）です。ここは「ル・プティ・トロケ」をはじめおいしいレストランや職人の店が並ぶ静かな裏通り。

高級住宅地を周囲に控えた場所柄、このあたりには、いろんなガイドブックに載っている店が多いのです。

かわいくておいしいル・プチ・トロケ。

フォンテーヌ・ド・マルス。

17 ● 失われたときを求めて。

セーヌの見張り番、ジャン・ヴァルジャンの下水道。

水がズアーヴ兵の足首を越えると運航禁止に。

アルマ橋の右岸側のたもとに、セーヌの遊覧船「バトー・ムーシュ」の乗り場があります。このMouche（ムーシュ）はハエのことだけれど、よくいわれるように船がハエに似ているからではなく、1867年のパリ万国博のときに人気を集めた遊覧船が、リヨンのムーシュ地区で造られたことから名づけられたものです。

バトー・ムーシュ乗り場の後ろの橋脚の水辺に、マントをはおった男の像が立っています。アルマは1854年のクリミア戦争で、英仏連合軍がロシア軍に勝ったクリミア半島の川の名で、56年に完成した橋にその名が付けられた。“Le Zouave”というこの大きな石像は、戦いで活躍したアルジェリア歩兵で、当時の石橋には4か所の橋脚それぞれに異なる兵士像が立っていた。

このズアーヴ兵の像は、セーヌの水位を測る目印として有名です。ふだんは水面の上に出た基礎の上に立って船の行き来を眺めているズアー

ケ・ブランリ美術館。

NYの自由の女神の原寸『自由の炎』。

ヴさんだけれど、水かさが増すと足もとが水に隠れ、大雨が続くと腿のあたりまで水に浸かってしまう。セーヌが増水すると、テレビのニュースに、水に浸かったズアーヴ像が登場します。

アルマ橋左岸からエッフェル塔の方に向かうと、世界の民俗芸術を集めた「ケ・ブランリ美術館」がある。うっそうと茂る野生の庭の奥に、ジャン・ヌーヴェルの低層の建物が横たわっています。そして、橋のたもとの東側には、ズアーヴがひざまで水に浸かると閉鎖されてしまう観光名所（?）がある。パリの下水道です。

19世紀末から20世紀後半までは、シャトレ広場からレ・アル付近までと、コンコルド広場からマドレーヌまでの間の下水道を、ボートに乗って見物できたという。でも現在のアルマ橋の下水道見学は、もっとまじめで教育的です。

下水道入り口の向かいのアール・デコ建築。

下水だけでなく、上水道、電気と電話のケーブル、ガス管などが収められた地下道には、地上の道路と同じ名前が付けられている。ローマ時代の下水管や、逆流・噴出を防ぐ巨大な木製の球、砂やゴミを除去する機械などが展示されている。流れる水はやはり少しドブ臭いけれど、思ったよりはずっと清潔で、トイレからの流出物の管は露出していないから、あの臭いの心配はありません。

《すべてを下水へ。》

ヴィクトル・ユゴーの『レ・ミゼラブル』で、ジャン・ヴァルジャンがマリウスをかついで逃げ回ったパリの下水道は、19世紀半ばのパリ大改造のとき技師ベルグランの指揮で造られた。

ユゴーはこの本の中で、下水道に関する歴史や挿話をやたらに詳しく書いています。そして、土地を豊かにする黄金である糞尿を下水で流してしまうのは、なんという資源のムダかとフンガイしている。こういうエコロジー派が大勢を占めていたためか、ヨーロッパの他の都市に比べ、パリの下水道の発達はかなり遅れていた。今のパリは犬

かつては気送管もあった。当然光ケーブルも通っているけれど建物が古くて普及は遅れ気味。

増水時にセーヌの水の逆流を防ぐ球です。

の糞が問題で、清掃局は対策にフン戦しているけれど、19世紀のパリの街路は、ヒトのウンコだらけでずいぶん不潔で臭い街だったらしい。

ベルグランの目指したのは、生活排水だけでなくあらゆるゴミも下水へ流し込むというシステムだった。"Tout à l'égout"(すべてを下水へ)というベルグランの方針で造られた下水道システムは、現在全長2万4千キロ。そのおかげで地上の、花の都パリが保たれているのです。

グラン・パレのガラス屋根、プチ・パレの中庭。

1900年のパリ万国博のために架けられたアレクサンドル3世橋は、セーヌを渡る橋の中でもいちばん絢爛豪華な橋です。長さ107mの鉄のアーチは燭台のような街灯や彫刻で飾られ、橋のたもとの塔の上には金ピカの彫刻が輝いている。この橋をはさんでアンヴァリッドと向かい合うグラン・パレとプチ・パレも、やはりこの万国博の展示場として建てられた。

「グラン・パレ」は現在、国立美術館連合の特別展会場として使われていて、セザンヌ展やモネ展など、ルーヴルやオルセーの館内では収めきれない大規模な美術展が開かれます。

でもこれらの展覧会のほとんどは、巨大なこの建物の北側部分だけを使っている。鉄骨組みのガラス屋根で覆われた吹き抜けの大ホールはあまりに大きすぎるため、広い空間を生かせる現代アートのインスタレーションや、スペクタクル、コンサートなど、特別な催しに使われています。

アレクサンドル3世橋を飾る彫像。

グラン・パレの大屋根部分は、1993年に梁の落下事故で閉鎖、徹底的な修復が2008年に完成した。

南側の入口から入るレストラン「ミニ・パレ」は、20世紀初頭と21世紀の内装がひとつになったきれいな空間。

建物の西側部分は「パレ・ド・ラ・デクーヴェルト（発明発見博物館）」が占めている。遊びながら物理や化学の法則を理解できるように工夫され、大人も楽しめる科学博物館です。

プチ・パレとラリック。

グラン・パレと向かい合うプチ・パレはパリ市立の「プチ・パレ美術館」になっています。パリの美術館にしては比較的空いているけれど、改装された美しい建物に、レンブラント、デューラーから、コロー、モネ、シスレー、セザンヌまで、ルーヴルやオルセーに負けない名作が揃っている。

クールベの代表作『まどろみ』や『セーヌ河畔の娘たち』の前では、中学生たちが「同性愛を描いたとして非難されました……」という学芸員の解説を真剣に聞いていました。

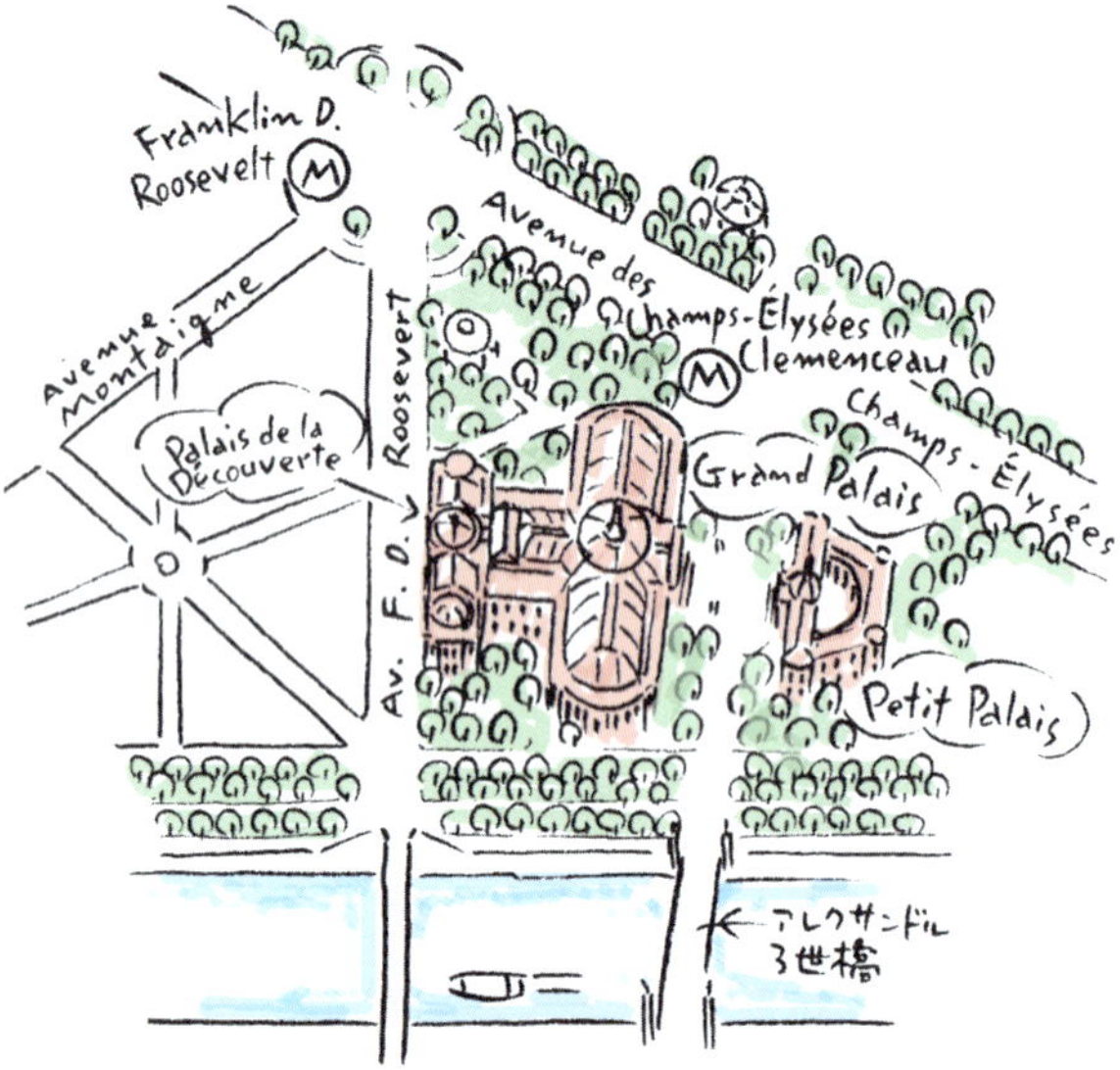

19世紀末の彫刻家ジャン・カリエスの陶磁製の何とも奇怪な作品群は心に強く残るし、ギュスターヴ・ドレの、劇画のような大作『涙の谷』も迫力ものです。

ギマールの家具、ガレのガラスやラリックによる日本風のべっこうの櫛など、器や装身具、家具調度品にもいいものがある。

カリエスの『ウサギの耳を持つカエル』1891年。

ドレの大作『涙の谷』1883年。

カフェのテラスが出ている半円形の中庭は、列柱に囲まれ、優雅そのものです。

セーヌ河岸の並木道は車がうるさくてクールべの絵のようなわけにはいかないけれど、何列もの大きなマロニエがみごとです。

アルマ橋の手前に大きなガラスのドアが光るアール・ヌーヴォーの建物がある。半透明のガラスに浮かぶ葉や枝が、そのまま扉まわりの壁のレリーフに連続している。ルネ・ラリックがデザインしたガラスの扉です。

扉を開けて出てきた人が「内部も見たら？」と入れてくれました。ホールのランプや階段の手すりもラリック。内側から見る扉は西日を透かしてやわらかに輝き、いっそう魅力的でした。

ラリック邸はクール・アルベール・プルミエ40番地。

プチ・パレの中庭は、回廊に高い円柱が並ぶオアシス空間。

モンソー公園と邸宅のミュゼに、失われたときを求めて。

凱旋門から伸びるオッシュ大通りは、日本大使館の先で「モンソー公園」入口の、金色の装飾をつけた大きな鉄柵門にぶつかります。

19世紀のオスマンによるパリ改造で生まれたこの公園は、もとはオルレアン公（フィリップ・エガリテ）の庭園だったところ。散歩道には小さなピラミッドやローマ風の墓、円柱などが配置され、池にはコリント式の列柱が立っている。この古代遺跡風の構築物は、オルレアン公が18世紀に造らせた《幻想の庭園》の名残りです。

ピラミッドのそばには日本の石灯籠もある。これは上野の寛永寺から運ばれたホンモノで、《鈴木都知事と東京都民からシラク市長とパリ市民へ》という説明がついています。

おばあさんや子守のお姉さんに連れられた子どもたちは、紺色のコートに濃緑色やエンジのハイソックスというお嬢さまお坊ちゃまスタイル。ベンチの老人や犬の散歩のマダムたちも、きちんとした身なりの人が多い。モンテーニュ大通りやヴァンドーム広場の高級店の、本来のお得意さま

門から公園まで豪華な屋敷が並んでいる。

18世紀の遺跡趣味、廃墟趣味の遺構です。

たちです。8区の西、17区との境にあるこの公園の周りには、19世紀後半から20世紀初めに、当時の実業家や銀行家、高級官僚が構えた邸宅が多い。1900年に、家族とともに近くのクールセル通りのアパルトマンに引っ越してきた19才のマルセル・プルーストは、いつもこの公園で時を過ごしたという。父親は有名な医学者だった。

屋敷の美術館。

玄関の両側に立派な唐獅子が座っている「チェルヌスキ美術館」は、19世紀末の銀行家チェルヌスキの中国美術のコレクションが、屋敷ごとパリ市に寄贈されたミュゼ。殷のころの犬や馬の素焼きのとぼけた表情がとてもいい。

チェルヌスキは日本旅行もしている。

庭の向こうはそのまま公園です。

ニッシム・ド・カモンドの書斎。

「ニッシム・ド・カモンド美術館」は、1914年に、18世紀の貴族の館風に建てられた邸宅。絢爛豪華な室内には、18世紀の家具や調度品がぎっしり。まるでヴェルサイユ宮殿が骨董屋になったようです。フランス人はこういうのが大好きで、ひとつひとつをなめるように見ている。食器室に並ぶセーヴル焼きのセット「ビュフォン」は、皿の一枚一枚にビュフォンの『博物誌』の、鳥の博物画が入っている。何枚あるか数えはじめたけれどあまりに多くてあきらめた。真っ白なタイルに紺色タイルがアクセントになった、シンプルで広い浴室が新鮮で気に入りました。

　公園の北、マルゼルブ駅の広場も、19世紀末のやたらに立派な屋敷が囲んでいる。

「エネール美術館」は、ルネサンス風の彫刻で飾られた19世紀半ばの大きなアトリエ邸宅。19世紀

右に洗面台、左奥にトイレ。せっかく広いんだから日本式の風呂場ならもっと気持ちがいいのに。

末の画家ジャン・ジャック・エネールの作品を展示した国立の美術館です。ルーヴルにも多くの作品が収蔵されてはいるけれど、忘れられたこの画家のミュゼは、訪れる人もほとんどいない。

ルネサンス名画の模写からレンブラントを思わせる自画像、世紀末の象徴主義風な裸体画など、静謐《せいひつ》で上手な作品が、誰もいない立派なアトリエに並んでいます。

エネールの『エロディアド（ヘロデア）』1887年頃。

オスマン大通りの華麗な美術館とルイ16世の霊廟。

ジャクマール・アンドレ邸内の華麗な温室、冬の庭園（Jardin d'hiver）です。

ジャクマール・アンドレ美術館。

モンソー公園の南、オスマン大通りに面した「ジャクマール・アンドレ美術館」は、19世紀の銀行家夫妻のコレクションを置く優雅な館です。ヴェルサイユのトリアノンを模したという、屋敷の概念を超えた館内も、飾られている収集品も、目をみはるばかりのぜいたくなミュゼです。

ウッチェロの「竜を退治する聖ジョルジュ」より。

《冬の庭園》と呼ばれる吹き抜けの室内温室と、今はサロン・ド・テになっている食堂の天井は、イタリアから運ばれたティエポロのフレスコ画で彩られ、ルイ15世様式の大小のサロンは、数々の絵画と彫刻、タピスリーで飾られている。

1階（日本の2階）の展示室には、17〜18世紀のフランスやフランドルの絵画と、マンテーニャ、ボッティチェルリなど、イタリア・ルネサンスの名品が並んでいます。

自分の名の大通りを眺めるオスマンさん。

誇り高い焦げ目のバゲット。

中でも好きなのが、ウッチェロの小品『竜を退治するサン・ジョルジュ』です。雑誌のADの先輩でもあった、尊敬する絵本作家の堀内誠一さんが楽しそうに話してくれた絵。竜があまり強そうでないのがなんとも可愛らしい。

オスマン大通りを東へ行くと、交差点の角に、19世紀半ばの第二帝政時代にパリの徹底的な都市改造をした、セーヌ県知事オスマン男爵の像が立っています。このオスマン大通りも、もちろんその時に造られたものです。

オスマンさんの向かいに、動物やエッフェル塔の形のパンを並べたパン屋“Au Pain Bien Cuit”があります。《しっかり焼いたパン》の名のとおり、ここのパンはじつによく焼けている。《しっかり焼いて、中はしっとりが正しいパン》というのが主人ルネ・サントゥーアンの信念。ヨーロッパいちばんというバゲットも、少し焼きすぎじゃない？と思うくらいに真っ黒な焦げ目だらけなのです。

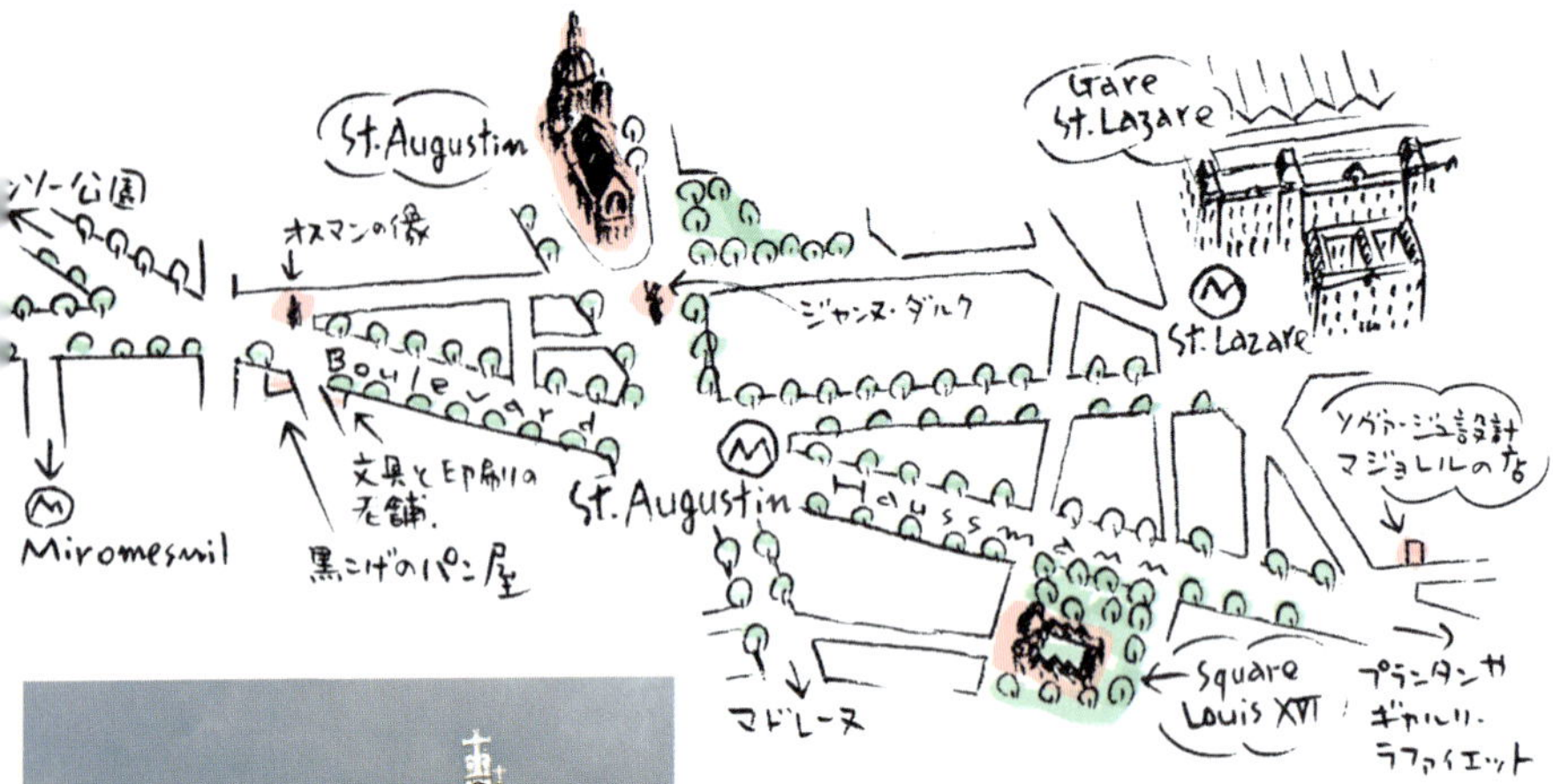

ジャンヌの像はパリ市内に4つある。

高さが50mもある大ドームをのせた「サン・トーギュスタン教会」は、ローマかビザンチン様式の建築のように見えるけれど、19世紀半ばに建てられた鉄骨建築です。設計者バルタールは、取り壊されてしまったパリの中央市場レ・アールの建築家。教会正面の広場には、鎧姿のジャンヌ・ダルクが馬の上で剣をかざしている。

ルイ16世「贖罪の礼拝堂」。

プランタン百貨店の手前、木立に囲まれたスクワール・ルイ16に、「贖罪の礼拝堂」がひっそり隠れています。コンコルド広場のギロチン台で首をはねられたルイ16世の遺体はここに運ばれ、埋められた。マラーを暗殺したシャルロット・コルデや、ダントン、デムーランなどの遺体もまとめて埋められていたらしい。王の9カ月後に首

マジョレルの店は今、中東の銀行が使っている。

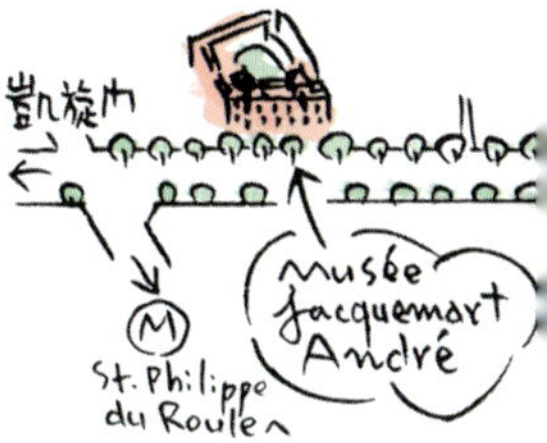

礼拝堂地下の空っぽの廟。

小公園と礼拝堂はマドレーヌ墓地の跡に造られた。

を切られたマリ・アントワネットもいっしょです。

第一共和政の時代に売りに出されたこの墓地を王党派の隣人が買い、ルイ18世に献上。調査の結果、王と王妃の遺体が発見された。マリ・アントワネットは死刑の日につけていた靴下で確認されたという。

2人の骨はフランス歴代の王の墓所サン・ドニ大聖堂に運ばれ、ルイ18世がここに霊廟と礼拝堂を建てた。フシギなことに、今でもこの空っぽの墓に花を捧げに来る《王党派》がいるのです。

プランタン百貨店の手前、サン・ラザール駅寄りのプロヴァンス通りに、ソヴァージュが設計した1913年の建物がある。ここはナンシー派の家具・照明作家マジョレルが開いた店だった。

ロマン派美術館、ジョルジュ・サンドとショパン。

シェフェールは肖像画で売れっ子だった。

ジョルジュ・サンドのデッサン。

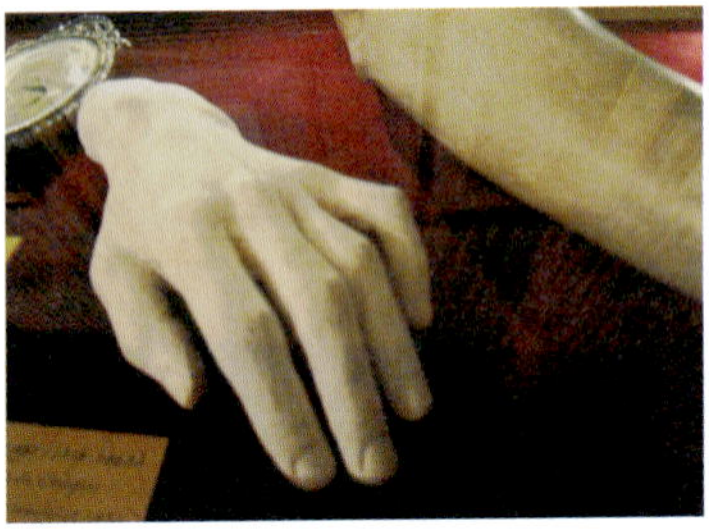

ショパンの手。隣にサンドの腕がある。

サン・ジョルジュの広場から、ゆるやかな坂道を5分ほど上った静かな通りに「ロマン派美術館」という小さなミュゼがあります。直訳すると、ロマン派の暮らしのミュゼ。ここは19世紀前半の画家アリ・シェフェールの家とアトリエだった。

通りから引っ込んだ、木立の並ぶ細い路地を入ると、前庭に面した館とふたつのアトリエが建っています。薄明るい自然光の入るアトリエでは、ロマン主義、象徴主義の企画展が開かれます。

シェフェールの作品は、アトリエと彼の館の階

通りから引っ込んだ奥にあるイタリアのヴィラ風シェフェールの家。

上の部屋に置かれています。オペラ歌手ポーリーヌ・ヴィアルドや彼が絵を教えた公女マリ・ドルレアンなどのきれいな肖像画が並んでいます。公女マリが作ったという小彫刻作品もある。これがお嬢様芸とは思えないくらいに上手です。

当時の売れっ子画家だったシェフェールの家では、近くに住むロマン主義の芸術家たちが、毎週金曜ごとに集まるサロンが開かれていた。アングルやドラクロワ、ジェリコーなどの画家、リスト、ロッシーニなどの音楽家、それにツルゲーネフ、ディケンズなどの作家たちです。

そしてこのサロンの常連の中に、近くのスクワール・ドルレアンのアパルトマンに住んでいたショパンとジョルジュ・サンドもいました。このミュゼの地上階には、ジョルジュ・サンドの残した家具や調度品が置かれ、彼女が晩年を過ごしたノアンの家の一部屋が再現されている。

自分の感情を自由に表現しようというロマン主

義の思想を、その生き方ごと実践した彼女の持ち物は、しかし意外に少女趣味で、むしろ日本語の《ロマンチック》という言葉が似合います。

ここを訪れるのは、たいていが中年以上のマダムたち。自由な女の元祖・サンドが身に着けていたアクセサリー類を、アンティーク屋で選ぶような目つきで眺めています。

温室（冬の庭園）前の花壇の周りにテーブルが出る。

気候のいい時期は、きれいな温室の前庭にサロン・ド・テのテーブルが出る。パリ市立の美術館は常設展は無料だから、おしゃべりが目的のロマン派マダムたちも多い。

文化村、新アテネ地区。

サン・ジョルジュ周辺は、19世紀初めに文化人を対象に宅地開発され、"Nouvelle Athènes"と呼ばれていた。日本人の入場者が圧倒的に多い「ギュスターヴ・モロー美術館」は、その時代の典型的な建物のひとつです。モローの遺言どおり彼のアトリエをそのままミュゼにしたもの。それぞれ2階分をぶち抜いた2層のアトリエを、美しいらせん階段が結んでいる。神がかった少女漫画のようなモローの絵は、あまり好きじゃないけれど、この板張りの空間はすばらしい。

ピガール広場寄りの通りには、なぜかギターなどの楽器専門店が集中している。19世紀末から20世紀初め、この一帯には多くの若い画家たちが住み、ピガールのカフェに集まっていた。

サン・レミ・ド・プロヴァンスの病院から戻ったゴッホは、シテ・ピガールの奥8番地の、弟テオのアパルトマンに身を寄せた。ゴッホはここから終焉の地オーヴェールへ向かいます。

ドゥエ通りのギター専門店。

サン・ジョルジュ広場。

Canal Saint-Martin 22 ●

運河と下町の路地巡り。

サン・マルタン運河、水辺の下町散歩。

ひとつの水門で水位が3m近く変わる。

メトロの路線が5つも集まり、13本の道路が交差するレピュブリック広場。中央の大きな彫像は、ライオンが守り、革命の名場面の浮き彫りのある台座に、共和国のシンボル女性マリアンヌが立つ「共和国の記念碑」です。

マリアンヌのお尻側からゴチャゴチャにぎやかなフォブール・デュ・タンプル通りを行くと、サン・マルタン運河に出る。バスティーユから暗渠になっていた運河が地上に出る地点です。

ここからさらにベルヴィル方向へ上ると、通りはますます雑然として、中近東、アフリカにアジアの匂いも漂い、国籍不明な盛り場という雰囲気になってくる。コワくはありません。

運河に沿って。

サン・マルタン運河北のヴィレットの船だまりとセーヌとの間には、水位差が26mもあって、9つの閘門《こうもん》式水門が水位の調整をしています。

遊覧船が行き来するたびに、水音を響かせながら水門を開閉する作業は、ひたすらのんびりし

サン・マルタン運河が完成したのは1825年。8年に一度水を抜いて大掃除が行われます。

運河脇の街並は下町の風情。

映画の『アメリ』がここで水切りしていた。

ている。船の乗客も、岸辺や橋の上から見守る人たちも、運河をつつむ並木の緑に染まって、もう風景の一部になってしまうのです。
涼風の吹き抜ける歩道橋からの眺めは気持ちがいい。両岸の並木にはさまれた水路の果てが霧の中にかすみ、向こうのアーチ型の橋がシルエットになって浮かびます。車の通る橋は可動橋になっている。電車の踏切のように遮断機が下りると、橋がゆっくりと回転する。船が通り過ぎて橋が元に戻るまで、車の人も外に出て見物です。マルセル・カルネの映画『北ホテル』は、スタジオのセット撮影だった。原作のダビの小説の舞台となったホテルの建物は取り壊されてしまい、その跡に建った"HÔTEL DU NORD"は表面だけを再現したもの。映画の時代を偲ばせるように造られてはいるけれど、ホテルではなく、レトロを売りにしたカフェ・レストラン。運河沿いを中心に、おしゃれな店がどんどん増えている。

でも周辺には、昔ながらの下町らしい風情を持つカフェやレストランもたくさんあります。対岸を一歩入った通りの"Bourgogne"は、もう半世

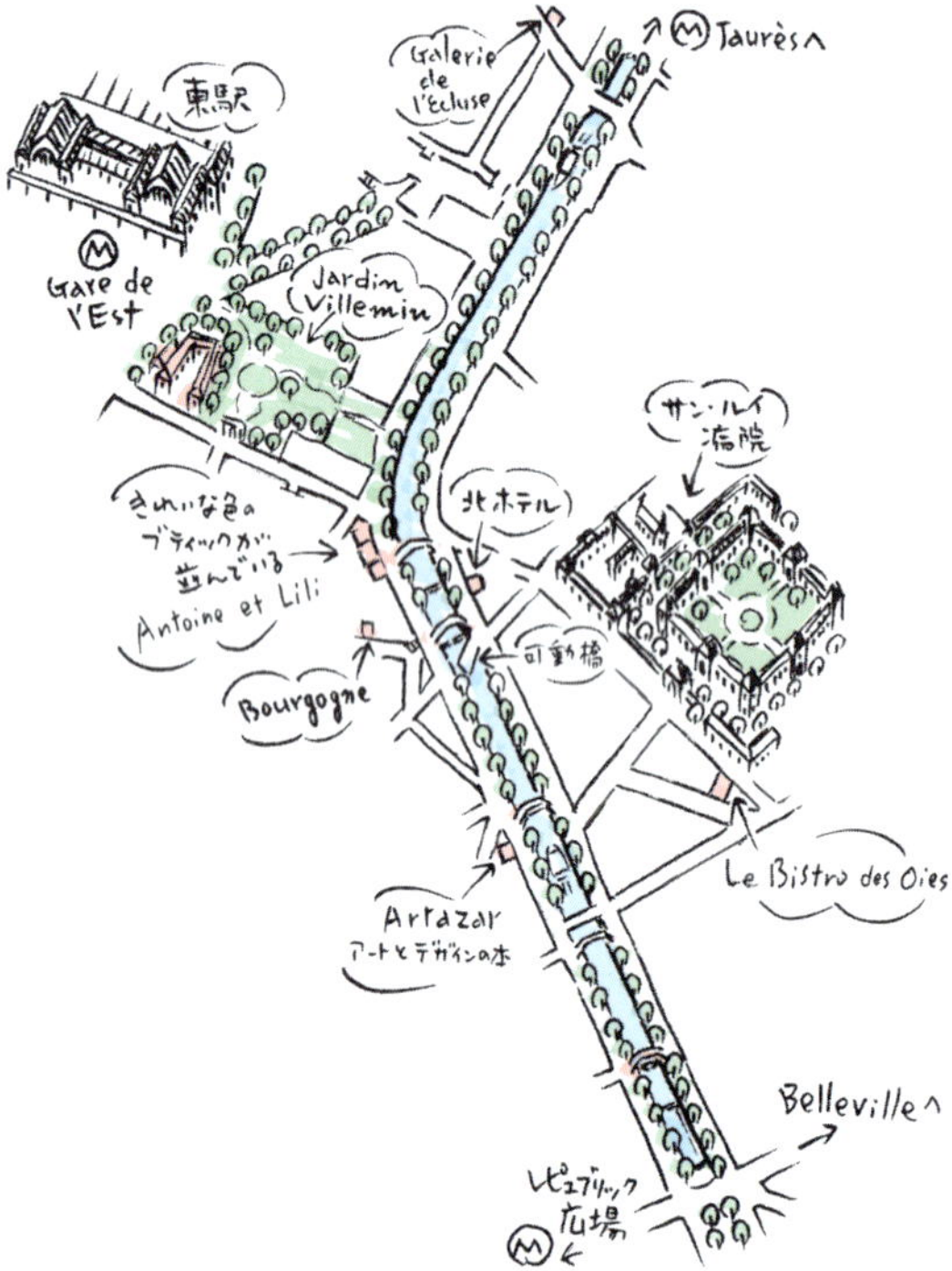

運河沿いに並ぶかわいいブティック。

地元住民の食堂「ブルゴーニュ」。

紀も続く有名定食屋です。サン・ルイ病院に近い"Le Bistro des Oies"では、その名のとおり、ランド地方の農場から直送されるおいしいオワ(鵞鳥)や鴨、フォワグラが安く食べられる。

アンリ4世が創設したサン・ルイ病院は、17世紀初めの建築が今もそのまま使われている。きれいな方形の中庭は、近所の人たちと入院患者の憩いの場です。

大きくカーブした運河の脇に広がる公園の原っぱで、水着姿の人たちが陽を浴びています。その奥の庭園は、17世紀の修道院の庭だった。砂場の子どもも、ペタンク場の大人たちも、木々と花の中でみんな夢中で遊んでいる。今は建築家協会が使っている元修道院の建物のむこうは、東駅前の広場。アルザス、ドイツを結ぶ列車の出入りするこの駅は、なぜかのんびりのどかです。

サン・ルイ病院の中庭。

運河の脇に広がるヴィルマン公園の原っぱ。

東駅の広場はのどかな地方都市の駅前のよう。

港町の匂いがするバスティーユの船だまり。

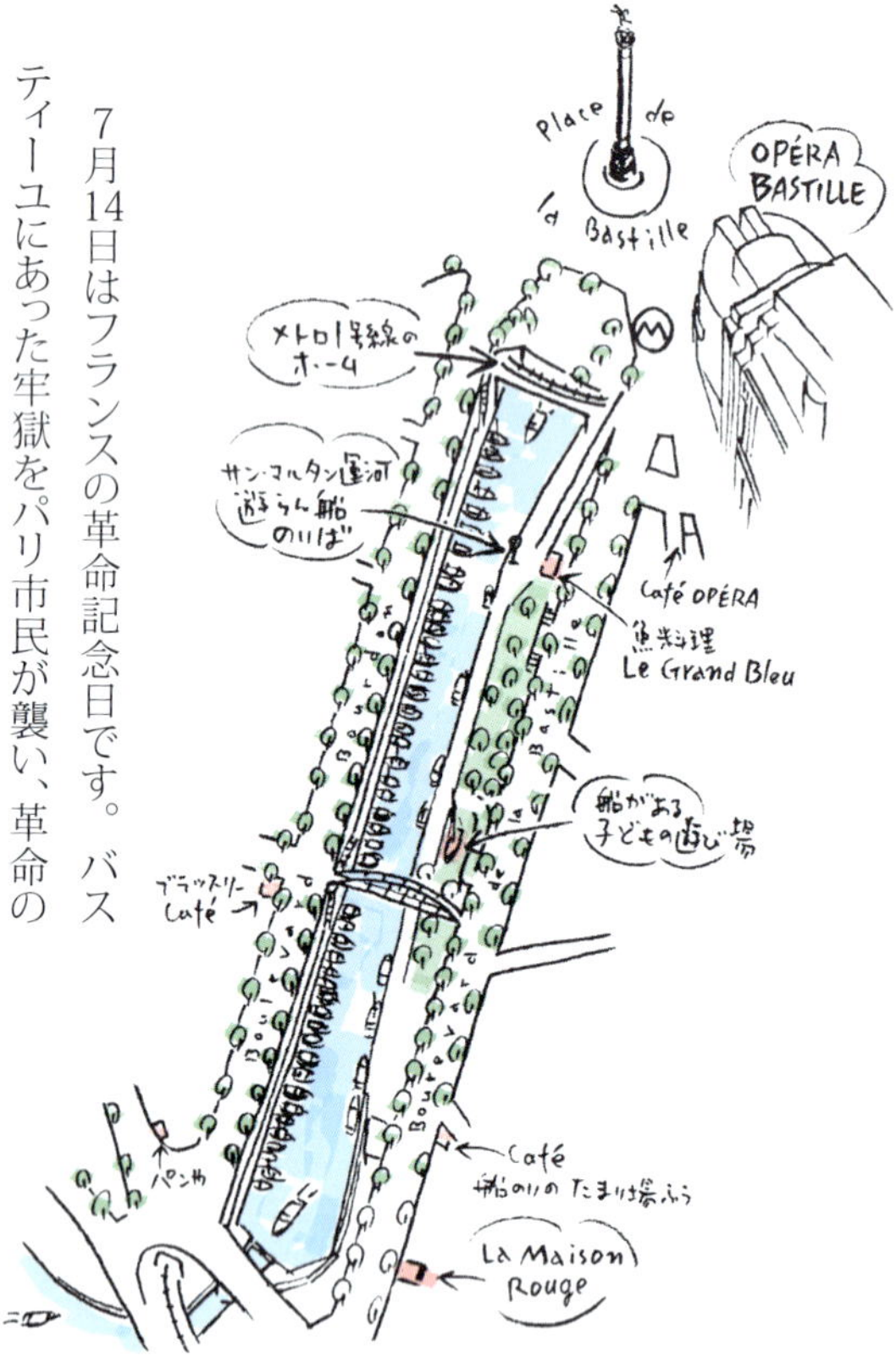

7月14日はフランスの革命記念日です。バスティーユにあった牢獄をパリ市民が襲い、革命の幕開けとなったのが1789年のこの日です。日本ではなぜか「パリ祭」とよばれ、年に一度だけシャンソン歌手がもてはやされる日。ちょう

左の水門がセーヌとの出入り口です。

7月革命の記念柱とオペラ・バスティーユ。

ど本格的にヴァカンスになることもあって、フランス人にとっていちばんうれしいときなのです。

13日の夜にはフランス中あちこちの広場で、コンサートやバル（ダンス・パーティー）が開かれる。この日のバルはたいてい各消防署の主催というのがおもしろい。

ここは運送船や漁船ではなく舟遊び用のヨットなどが係留する港です。

バスティーユ広場でのコンサート・バルは、当然いちばん華やかです。人気のグループのライヴ・コンサートがあったり、新しいオペラ・バスティーユで上演中の演目をそのまま広場に向けて聞かせたりする。

革命の記念柱がそびえるバスティーユ広場は、7月14日だけでなく年中いろんな集会やデモ、お祭りの中心地になっている。革命後に取り壊された牢獄は広場の隅の公園やメトロ5号線のホームに壁のかけらが残されているだけです。

気分は地中海、サン・トロペ

バスティーユ広場のすぐ南に、広場とは革命的に違う世界、ヨットやモーターボートの船だまりがある。セーヌの岸にもたくさんのペニッシュ（川船）が係留されているけれど、周りを石垣で囲まれた船着き場に300艘もの小舟が休むこの風景は、まるで避暑地の港町。

よく晴れた日、キラキラ輝く水面に浮かぶデッキでのんびり昼寝をする人や、忙しく船の手入れをする人たち。船の形や色もいろいろだけれど、その装いというかインテリアもハイテク調、漁船風、民芸風とさまざまです。

フランスには運河が網の目のように広がっていて、大きな河川や海を結んでいます。水門でセーヌと結ばれたここからは、サン・マルタン運河、ヴィレットを通りウルク運河に抜けるとストラスブールまで、さらにライン河へも出られます。だからヴァカンスのころには、ドイツやオランダの船が多くなる。ここからセーヌ沿いにノルマンディーの海へ出たり、運河づたいに南へ下って地中海まで行く船もある。

運河を航行するだけなら、何の免許もいらないという。いつか小さな船を借りて、ワイン片手にのんびり田舎めぐりといきたいものです。

きれいな公園になっている東の岸辺には、船を

気分は港町の釣り人さん。

気分はトゥール・ド・フランス、かな？

気分は海辺のカフェ・レストラン。

幅40m、長さ550mの船だまり。ここから暗渠を抜けるとサン・マルタン運河に出る。

眺める人、居眠りしているおじいさん、裸で日焼けのお嬢さん、それぞれにパリでのコート・ダジュール気分を楽しんでいます。

船だまりを見下ろすバスティーユ大通りにある「メゾン・ルージュ」は、昔の製版所を改装した大型ギャラリーです。中庭に建つ真っ赤に塗られた家がその名のもと。いつも、ちょっとズレ感のあるテーマの展覧会を開いている。赤い家のアートなレストランもそう悪くありません。

メゾン・ルージュ。

職人の街バスティーユの路地裏を歩く。

広場北の別世界クール・ダモワイエ。

金ピカの自由の守護神をのせた「7月の円柱」がそびえるバスティーユ広場は、行き交う車と人の喧噪であふれています。広場に面して並ぶ大きなカフェの、華やいだテラス席の間の入り口を抜けると、いきなり「クール・ダモワイエ」のひっそりした空間に入り込む。

道をひとつ曲がっただけで、まるで雰囲気が変わるのが、パリの街歩きの魅力のひとつなのだけれど、ここの落差はまるで「トンネルを抜けると……」の気分です。クール(cour)はふつう、周囲を囲まれた空間、中庭のこと。この小路は、ダヴァル通りに抜けられる私道だけれど、あじさいが植えられ藤の枝のからんだ静かな空間は、中庭といってもおかしくない。石畳の両脇には陶芸や織物作家のアトリエや画廊、小さな出版社や設計事務所、それにコーヒー豆や紅茶を売る小さなカフェなどが並んでいます。

ロケット通りが始まる角に「パサージュ・デュ・シュヴァル・ブラン」の入り口がある。パサージュといっても屋根付きのPassage couvertではなく、いわば抜け道です。路地に面した建物にはA BC、枝分かれした袋小路の建物には1月、2月……と名づけられている。古い木造の建物に、

金銀加工や家具塗装の工房、19世紀末から続く古典的な照明器具屋、それにデザインや建築のアトリエなどが隠れています。2月の建物に、ドゴール空港のドーナツ状のターミナルの設計者ポール・アンドリューの事務所を見つけた。

バスティーユ広場から東に伸びるフォブール・サン・タントワーヌ通りは家具屋の街。車の行き交う古い街並みに、雑多な看板が重なり合って、

ポール・アンドリューの建築事務所。

抜け道、パサージュ・デュ・シャンティエ。

静寂のクール・デュ・ベレール。

ちょっと埃っぽい通りです。この地区は中世以来王立のサン・タントワーヌ修道院の領地だったところで、領内に王家のための家具を作る職人たちが集められていた。この伝統から、表通りにはたくさんの家具屋が並び、通りの裏手には小さな路地が迷路のように広がって、木工、修理、塗装など家具職人の工房と、照明、ガラス、織物など室内装飾関係の工房が集まっていた。

職人の工房が次第に減って、最近はそれに代わって、デザインやアート関係のアトリエが増えている。それでもまだこの辺りの路地には、木の粉やニスの匂いが漂っています。

静かな路地の仕事場。

フォブール・サン・タントワーヌ通りを東に進み、56番地から「クール・デュ・ベレール」に入ります。《美しい空気の中庭》という名のとおり藤

朝顔と将棋の縁台があってもおかしくない。

パサージュ・ロムの入り口。

や葡萄の蔓で覆われた中庭は、まるで田舎の雰囲気。“L'EDITO”は注文デザイン家具の店です。

「パサージュ・デュ・シャンティエ」は、いかにも古いパリの裏町の匂いがする石畳路。入り口付近には昔風の家具製造販売店が並び、路地の奥には対照的に、家具や雑貨のセレクトショップやデザインっぽいカフェがある。

「パサージュ・ロム」には、昔ながらの職人街の雰囲気がよく残っている。緑につつまれた石畳に並ぶ長屋のような家に、100年以上も続いているという鏡や塗装の工房が並んでいます。窓から薄暗い仕事場を覗くと、慣れた手つきで黙々と働く職人の姿が見える。

バスティーユの路地裏は、どこか、東京の谷中や根津あたりを思わせる街です。

カフェの元祖とアリーグルの市場。

カフェ・ビストロ「シェ・ラミ・ピエール」。ガラス越しに向かいの看板が見える。

バスティーユから東に伸びるフォブール・サン・タントワーヌ通り。この151番地の家の壁に《1851年12月3日、この前の路上でボーダンが死ぬ》という掲示板があります。ナポレオンに反発した民衆が立ち上がったとき、ここにもバリケードが築かれていたのです。

このすぐ北側のマン・ドール通りに、いかにも《旧き佳きパリ》といった風情の2軒のカフェ・ビストロが向かい合っている。

かつてパリのカフェをやっているのは、オーヴェルニュ、とりわけオーブラック地方の出身者と相場が決まっていた。山国オーヴェルニュの人たちは冬が近づくと、パリに薪や木炭を売りに来ていた。彼らの薪や木炭を売る店が、客に酒やコーヒーを飲ませるようになり、それがカフェやビストロに発展したのです。

片方のカフェには"BOIS CHARBONS VINS & LIQUEURS"(薪、木炭、ワインとリキュール)、もう1軒の窓には"ANCIEN REBOUTEUX, Chez L'Ami Pierre"(昔の骨接ぎ、友人ピエールの店)とある。ピエールは19世紀末にオーブラックで親しまれていた獣医で接骨も得意だった人。ここは伝統的な料理と安くていいワインを揃えた、典型的な昔ながらのカフェ、ビストロ、ワインバー。

ちなみにオーブラック地方は美味しい牛肉の産地としても有名です。

元気な朝市。

アリーグルの朝市は、いかにも職人の街らしい活気にあふれています。広場に面した木組み屋根の「マルシェ・ボーヴォー」は、1843年に造られたパリ最古の市場建築(月曜休み)。薄暗い場内には、質の高いチーズ屋や魚屋、それに子豚を丸焼きにして切り売りしてくれる肉屋がある。これはほんとに絶品です。

パサージュ・ド・ラ・マン・ドール。

土日は人波で埋まるアリーグル通り。

肉や野菜を運ぶ車です。

市場の前の半円形の広場は、古着と古道具のノミの市。ほとんどゴミに近いガラクタが多いけれど、文字どおりの掘り出し物の可能性もあります。

でもここでの見物は、アリーグル通りに並ぶ屋台の露天市です。もうウン十年前、パリに来て最初の一週間を、パリに長く住んでいた写真家、関原彰宅に居候させてもらった。「イワシでも食べますか」という彼に連れられてきたのがこの市場だった。通りいっぱいの野菜と魚と肉の山、そしていろんな肌の人たちに圧倒され、人々の間をすり抜けて何気なく買い物する関原クンの姿に、「パリに暮らすということは、こういうことなんだ」と感じたのを思い出します。

パリの日本語新聞「OVNI（オヴニー）」の編

ボーヴォー市場とガラクタのみの市。

トホホ、ガラクタ市はつまんないよー。

乳飲み仔豚の丸焼きは週末だけ。ボーヴォー市場内のシャルキュトリ（豚肉と惣菜の店）で。

集者の佐藤真さんは、わが家のフランス料理の指南役だった。フランスの家庭料理が誰にでも作れるように書かれた彼の著書『パリっ子の食卓』（河出書房新社刊）の一節に、この市場の話が出ている。「…フランス人だけでなく、アラブ人、アフリカ人、アジア系の人間たちが、お祭り並みに押し合っている。…市が…終わると、…商品価値のなくなった果物や野菜がうず高く残され、それをお金のない人やジプシーのおばさんたちが拾って歩く」。中国人だけが拾うカリフラワーの葉の部分を、マコトさんも負けずに拾って帰り、葉炒めにするという話……。

　月曜を除いて毎朝立つ市はいつもにぎやかで、とりわけ土、日はほんとうにお祭りのような混雑になる。比較的静かな平日には、近所の人たちの日常の姿が見られます。土、日に比べると、ややフランス人の比率が高く、いかにもパリジャンっぽく帽子をかぶった老人の姿が目につきます。

工芸美術のアーケード街と線路跡の散歩道。

コーヒーカップに面相筆で絵付けです。

真鍮鍋類の工房にあった真鍮バスタブ。

吹きガラス。

バスティーユ広場に面して建つ「オペラ・バスティーユ」は、放置されていた国鉄バスティーユ駅跡に建てられたものです。オペラ座のすぐ裏には、1969年に廃線になった石とレンガのアーチが連なる高架線が空しく残されていた。この高架線跡が改修され、93年に完成したのが「プロムナード・プランテ（緑の散歩道）」と、ガード下の「ヴィアデュック・デ・ザール（工芸の高架橋）」です。

ドメニル大通りに沿って伸びる高架線のガード下には、古い絨毯を再生補修する店から始まって、布製のシックな造花のアトリエ、ギター

広々とした並木の歩道に連なるアーチ。高い天井の明るいアトリエに地下室もある。

の専門店、美術骨董の修復屋……と、およそ50のいろんなアトリエが約800メートルに渡って並んでいる。家具職人の街サン・タントワーヌが近いから家具や照明器具の店が多い。鉄細工、木工、額縁、服やアクセサリー、陶芸、楽器、現代アートの画廊もある。きれいに修復された高いアーチ形の天井の下で、伝統的な職人たちと新しいデザイナーが隣り合って作業しています。

"Le Bonheur des Dames"には、刺繍やレース編みの道具、針と糸、ボタン、リボンなど、昔ながらの手芸材料があふれている。

自然木を活かした大テーブルを置いた店。皮革製の家具を作る店。金箔加工専門のピカピカ工房。古いレースのテーブルクロスを一針一針繕うおばさんたちの店。華やかなパラソルの店。白い陶器に筆で絵付けをする"Le Tallec"は、1928年の創業です。

機械仕掛けの人形を修復する店の隣は、フ

ルート職人アランの工房。ここと弦楽器職人のロジエの店の間のフィリップとモニカのアトリエには、吹きガラスのオブジェが並んでいる。ガラスといえば昔この近くにはかつて王立鏡工場があって、ヴェネチアから来た職人たちがヴェルサイユ宮殿の大きな鏡を作っていた。

マリ・アントワネットが着ていたような時代ものの服が並んでいる"Le Vestiaire"(更衣室・衣装部屋)は、舞台や映画用の貸衣装店です。

ヴァンセンヌの森へ。

129番地の帽子とアクセサリーの店が「工芸の高架橋」の最後で、この先はパソコンやオーディオの量販店"Surcouf"です。

このランブイエ通りの交差点の向かい側の警察署の上に半裸体の男の像が並んでいる。左手を頭の上、右手を胸にせつなそうな表情。ルーヴル美術館にあるミケランジェロの彫刻のコピーです。

高架線の上は、街を眺めながら散歩できる細長い緑の公園。木や草花も線路跡の屋上に植えられたとはおもえないほどすくすく伸び繋っている。

高架橋の先、歩道橋がかかった円形の芝生を中心に広がるルイイ公園は、緑の散歩道のちょうど中間地点。明るい公園から新しいアパート

廃線の掘割りも気持ちのいい散歩道に。

昔は汽車の煙と騒音に悩まされていたけれど。

群を抜け、トンネルをくぐります。

ここから西は、一転して切り通しを歩く緑の谷間の道。小鳥の声と花の中、バスティーユから4キロ半というヴァンセンヌの森も、そう遠くありません。

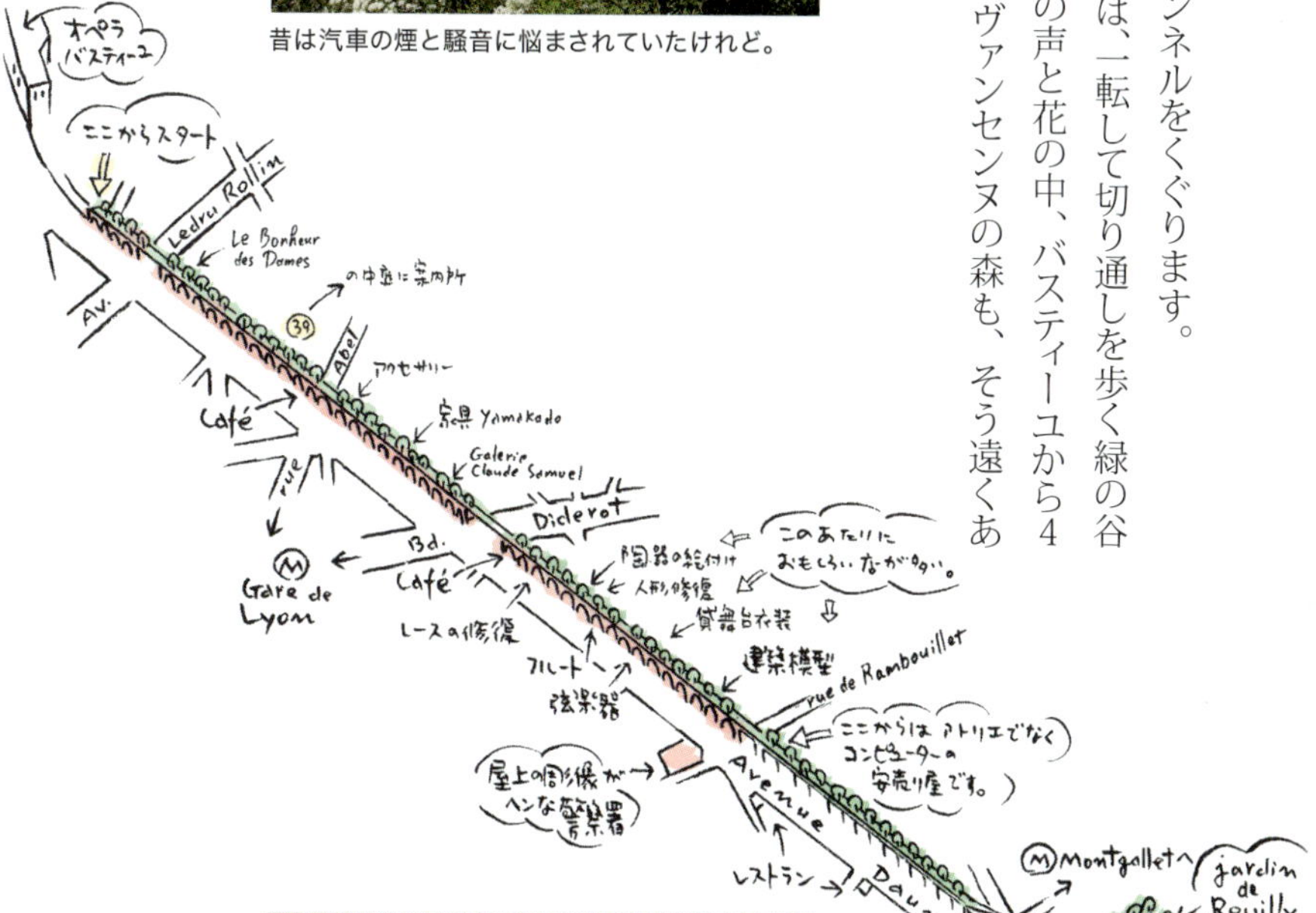

高架線上の竹林です。

27 ● セーヌ沿いの再開発地区と田舎の匂い。

ワイン倉庫の思い出が残るベルシー公園。

映画ファン必見のシネマテーク。

リヨン駅の南、セーヌ沿いのベルシー地区は、19世紀の初めから、卸問屋のワイン倉庫が並ぶパリ最大の酒蔵だったところです。

20世紀末のパリ東部地区再開発で、各産地から運ばれたワインを貯蔵していた古い倉庫群が、リヨン駅に近い北側から次々取り壊され、まず巨大な多目的ホール「パレ・オムニスポール」と財務省の新庁舎、続いて南端に食品流通貿易センター「ベルシー・エクスポ」が造られた。

まだ営業を続けている業者もあった80年代後半には、うっそうと繁る木立ちの中に残された倉庫が並び、置き去りにされた大樽や手押し車の間にワインの香りが漂っていた。南側の一部を除いて取り払われたワイン倉庫の跡は、もとの木々や倉庫の一部を活かした公園と新しい街区として生まれ変わりました。

芝生に面したボール紙工作のような外観の建

1886年のワイン倉庫群の大部分には、ワインに代わって昔の移動遊園地の乗り物が眠っている。

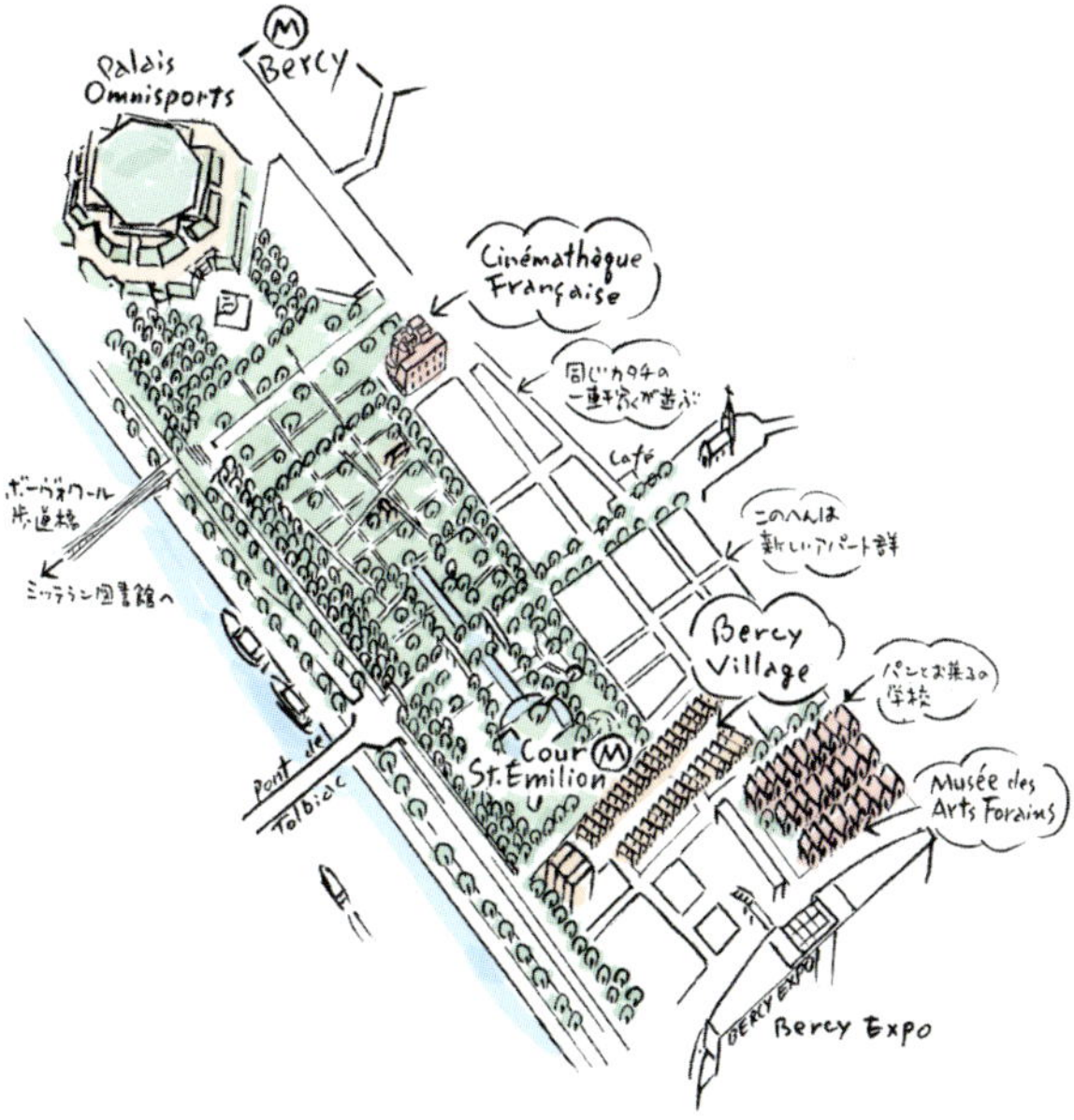

物は「シネマテーク・フランセーズ」。フランク・O・ゲーリー設計のこの建物、もとはアメリカン・センターとして建てられたもの。米国政府の文化予算削減で閉鎖されていた建物を、フランス政府が買い取り、2005年秋に、シネマテーク

として再開したのです。1936年にアンリ・ラングロワによって設立されたシネマテークでは、連日4つのホールで新旧の名作が上映されている。貴重な資料で映画の歴史をたどる「映画博物館」でも、リュミエール兄弟やメリエスの映像を見ることが出来るシネフィルの聖地です。

芝生の向こうのセーヌの土手に、ちょっとユーモラスな『世界の子どもたち』の彫像が整列している。日本のアヤコもいます。この土手から対岸の国立図書館との間を、歩行者と自転車専用のシモーヌ・ド・ボーヴォワール橋が結んでいる。

ワイン蔵の街。

この土手で河岸道路の騒音から守られた「ベルシー公園」には、レンガの古い煙突の周りにワイン蔵の思い出を残すように葡萄畑が作られ、倉庫の間を走っていたトロッコの線路もところどころに残されている。広さが13ヘクタールという公園は、バラ園や香りの庭などに分かれている。迷路のある花壇の中央の家は、ワイン倉庫時代の19世紀の建物です。子どもたちのための菜園では、近くの小学生がレタスやニンジン作りに励んでいます。

水路と池を中心にした「ロマンティック庭園」は、倉庫時代からの大きな木立が枝を伸ばし、深い緑につつまれています。

公園とベルシー・エクスポの間に、いくつかの倉庫が保存されています。

公園南端のメトロ14号線クール・サン・テミリオン駅に続く背の低い石造の倉庫群は、歩行者天国の商店街「ベルシー・ヴィラージュ」に変身。18の上映室を持つ巨大なシネマ・コンプレックスと、改装したワイン倉庫のレストランやカフェが人気を集めている。ややディズニーランドっぽいけれど、車の入らないのと冷房なしでも涼しいこと、そして日曜も開いているのが取り柄です。

さらに南東側に残されたレンガ造りの大きな

古い赤レンガを囲む葡萄畑。

池を囲む大きな木々はワイン倉庫の時代から。

日曜も賑わうベルシー・ヴィラージュ。

旧ワイン倉庫の製パン製菓学校。

倉庫群の一部は、製パン製菓学校になった。

その裏手にある「ミュゼ・デ・ザール・フォレン（見世物興行博物館）」には、ヨーロッパ各地のお祭りや移動遊園地で、19世紀から1950年代まで活躍していた乗り物、ゲーム、見せ物装飾などが集められている。ただし、古い機械を動かすためか、年に数日しか一般公開されないのがザンネンです。

ガラスの書庫の国立図書館と、製粉工場だった大学と。

13区のセーヌ河岸一帯は、20世紀後半まで、川船と鉄道で運ばれて来た物資の荷揚げ港と貨物駅のある広大な集積場だった。

20世紀末から、新しい左岸「パリ・リヴ・ゴーシュ」として大規模な再開発が行われ、対岸のベルシー地区とともにパリの再開発地区の中でも最も大きく変化したところです。

その核として建設されたのが、「フランス国立図書館フランソワ・ミッテラン」だった。この長い名前は、計画を強く推進した故ミッテラン元大統領の没後につけられたもの。1400万冊という膨大な蔵書とマルチメディアの時代に対応する新しい図書館として造られた《知の宮殿》です。

ライヴ音楽カフェ「バト・ファー」は元灯台船。

四隅にガラスの高層ビルをのせた台座のような大階段を上ると、セーヌを見下ろす広いテラスへ出る。全面板張りのこのテラスは、書庫の高層ビルを結ぶ建物の屋上です。ガラスの書庫は、二重の遮光ガラスと木製ブラインドで覆われて

歩道橋シモーヌ・ド・ボーヴォワール橋は、ベルシー公園の土手と図書館のテラスを直結している。

いる。

テラスからスロープのエスカレーターで、中庭に面した入り口ホールへ下りる。中庭の大きな木は、ブラジルとギアナから運ばれたそう。中庭を囲む2層の回廊に閲覧室や展示室が並んでいます。旧国立図書館は研究者専用だった。ここも下の階は研究者用だけれど、上階の分野別閲覧室は一般に公開されている。

14世紀にシャルル5世が手稿や写本を集めたルーヴル宮の図書室が、フランス国立図書館の起源です。16世紀にはフランソワ1世が、国内で発行された印刷物（本だけでなく、版画、地図、ポスター、ビラ、楽譜などあらゆるもの）は、すべて一部を王立図書館に納入することを義務づけた。その後、写真やフィルム、レコードと追加され、今はCDやDVDなどマルチメディアものの納入も義務づけられている。

新旧2カ所の「フランス国立図書館」にある展

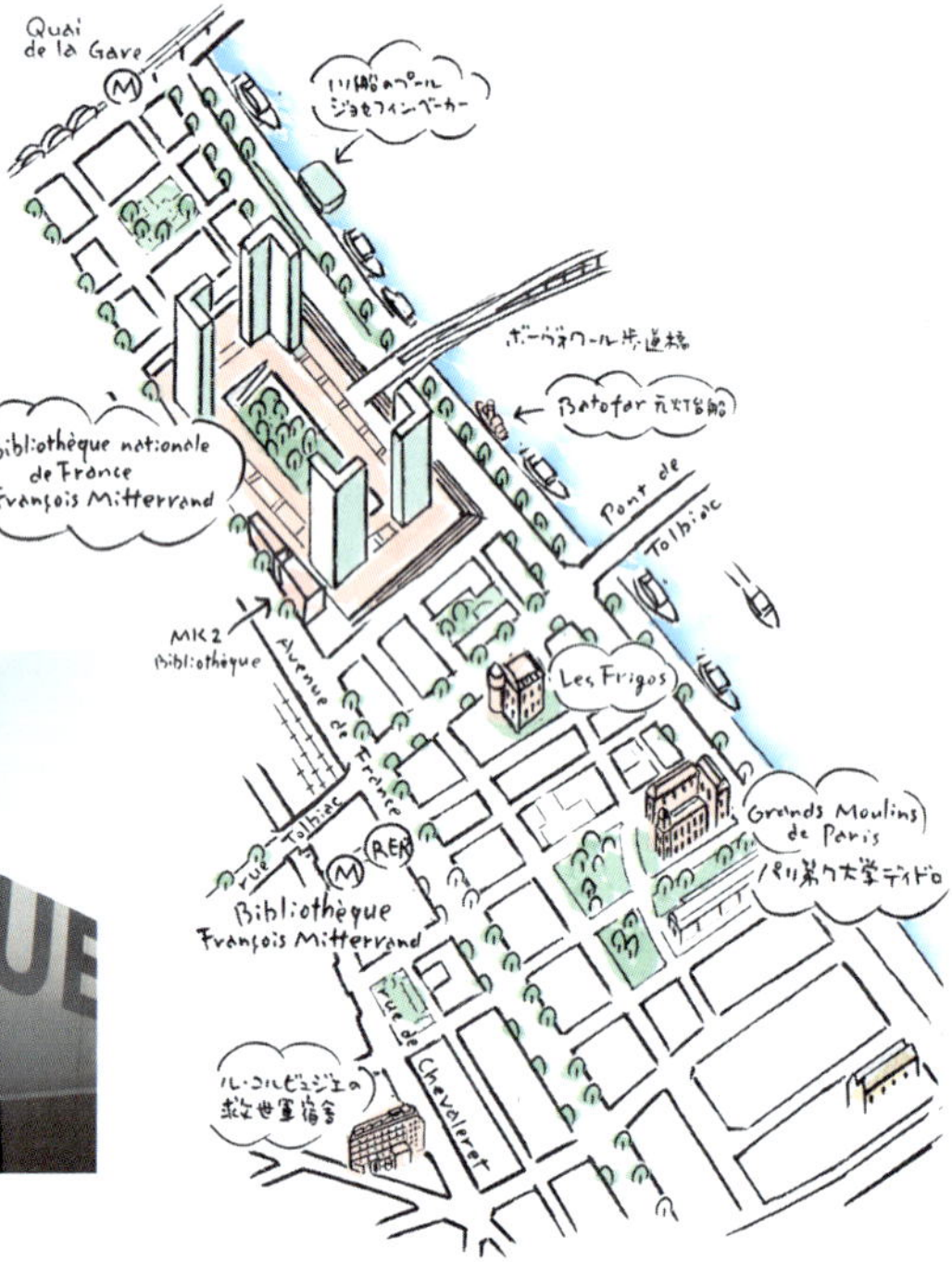

図書館の設計はドミニク・ペロー。

示室では、膨大な収蔵品の中から選んだ貴重な資料を、テーマごとの企画展で公開しています。古今東西さまざまなテーマの展覧会を見るたびに《とにかく何でもとっておく》精神が、フランス文化の根幹にあるのだと感じます。

冷凍庫アトリエ、製粉工場大学。

図書館の南、「レ・フリゴ（冷蔵庫）」と呼ばれる建物は、1921年建造の元冷凍倉庫です。80年代から一部が芸術家に貸し出され、その後、一時はスクワット状態になっていた。パリ市が間に入って改装、居住者と利用者あわせて200人のアーティストの共同アトリエとなっている。壁の厚さが70センチもあるから、ミュージシャンや録音スタジオも多いのが特徴です。

図書館と並ぶ「パリ・リヴ・ゴーシュ」の目玉が「パリ第7大学（ディドロ）」新キャンパスです。

愛読者カード

■本書のタイトル

■お買い求めの書店名（所在地）

■本書を何でお知りになりましたか。

①書店で実物を見て　②新聞・雑誌の書評（紙・誌名　　　　　　　　　　　　）

③新聞・雑誌の広告（紙・誌名　　　　　　　　　）　④人（　　　）にすすめられて

⑤その他（　　　　　　　　　　　　　　　　　　　　　　　　　　　　　）

■ご購入の動機

①著者（訳者）に興味があるから　②タイトルにひかれたから

③装幀がよかったから　④作品の内容に興味をもったから

⑤その他（　　　　　　　　　　　　　　　　　　　　　　　　　　　　　）

■本書についてのご意見、ご感想をお聞かせ下さい。

■最近お読みになって印象に残った本があればお教え下さい。

■小社の図書目録をお送りしますか。　　　　　　　　　　はい・いいえ

※ このカードに記入されたご意見・ご感想を、新聞・雑誌等の広告や弊社HP上などで掲載してもよろしいですか。

はい（ 実名で可・匿名なら可 ）　・　いいえ

郵便はがき

153-8541

おそれいりますが
50円切手を
お貼りください。

東京都目黒区目黒1-24-12

株式会社阪急コミュニケーションズ

書籍編集部 行

■ご購読ありがとうございます。アンケート内容は、今後の刊行計画の資料として利用させていただきますので、ご協力をお願いいたします。なお、住所やメールアドレス等の個人情報は、図書目録の送付、新刊・イベント等のご案内、または読者調査をお願いする目的に限り利用いたします。

ご住所	□□□-□□□□　☎　－　－		
お名前	フリガナ	年齢	性別
			男・女
ご職業			
e-mailアドレス			

※小社のホームページで最新刊の書籍・雑誌案内もご利用下さい。
http://www.hankyu-com.co.jp

1920年建造の元製粉工場。校庭のあるキャンパスを持つ大学はパリ市内では珍しい。

大学本部のある「グラン・ムーラン・ド・パリ」は、その名の通り巨大な製粉工場だった建物を改装したもの。操業を停止した1996年までは、日に1800トンの小麦粉を生産していた。隣の小麦倉庫も校舎に転用されています。

駅西側の緩い坂道に、ル・コルビュジエ設計の「救世軍宿舎」がある。500人の住む家の無い人たちを受け入れるこの宿泊施設は、パリのル・コルビュジエ建築で最大規模の建物です。

冷凍倉庫だった共同アトリエ。

ル・コルビュジエの救世軍宿舎。

コルヴィザール駅から丘へ上る。

ビュット・オ・カイユ（ウズラが丘）の路上観察。

パリに住む人の住居はアパルトマン。でも都心から少し離れた周辺の区には、一軒家の続く街並みに行き当たることもあります。

16区のオトゥイユあたりには広い庭付きの屋敷街もあるけれど、たいていは細い通りに並ぶ小さな家。一軒家といっても壁は隣とくっつい

低い家並みには小さな2CVが似合う。

た棟割り長屋みたいなのが多いのです。

そんな中でもとりわけ下町っぽい風情があるのが、このビュット・オ・カイユ界隈です。

13区の中心イタリー広場の南側はパリ最大の

石畳の坂道パサージュ・バロー。

中華街として知られています。とりわけ1970年代に建てられた高層団地「オランピアード」付近は、ヴェトナムからの移民がたくさん住むようになった80年代から、急速に中華街化した。

　そんな亜細亜巴里混交的街路からほんの少し入ったビュット・オ・カイユには、パリ風しもた屋が並んでいる。東京だったら盆栽に朝顔の巣鴨、千駄木あたりの風情が生きているのです。

　Butte《ビュット》は丘、Caille《カイユ》はウズラ。のどかな丘の麓をビエーヴル川が流れ、風車が並んでいた時代を思わせる地名です。ただしこのカイユ、もとはウズラではなく、16世紀に地主だったピエール・カイユさんに由来しているそう。

　その後この丘は、地下の石灰石を掘り出す場所になり、19世紀半ばには家のない人たちがバラックを建てて住み始めた。

カフェの入り口にもミスティックの絵。

ネコが安心して住める街なのです。

20世紀初めのパリの姿を記録したウジェーヌ・アジェの写真に、1900年のウズラが丘の風景がある。土がむき出しの荒れた高台に掘っ立て小屋が並ぶ寒々とした光景。20世紀になってから、庶民の小さな家々が建てられたのです。

ぶらぶらと路上観察。

気楽なレストランやバールが軒を連ねるビュット・オ・カイユ通りやサンク・ディヤマン（5つのダイヤモンド）通りから、てきとうに石畳の坂道を下ってみます。

2、3階建ての低い建物がひっそり並んでいて、すぐ近くに喧噪の中華街があるのが信じられない。ネコがのんびり昼寝をしています。

こんな街では、番地の標示板の変わったのを見つけたり、ベランダに作られたミニ庭園に感心してみたり。道の片隅には立ち小便よけの三角

アール・デコのプール。外観は田舎家風です。

30年代初めのタイル模様は南の地区の家。

の突起物があったり、窓についた鉄柵がアール・デコ風だと20年代の建物だということがわかる。この町に住むラクガキアートのスターMiss.Ticとその仲間たちの作品がたくさん見られます。

袋小路の両側に小さな前庭のある2階建ての家が並ぶ「ヴィラ・ダヴィエル」。向かいの「クール・ダヴィエル」は、アルザス風の家が中庭をぐるりと囲んだ住宅街です。

ポール・ヴェルレーヌ広場の水飲み場は19世紀半ばに掘られた井戸水が飲める。このすぐ下にレンガ造りの建物がある。井戸を掘った時に湧き出た28度のお湯を利用して、1924年に造られたパリ最初の室内温水プールです。

プール横の、ムーラン・デ・プレ通りを南へ進み、トルビアック通りを渡ると、小さな一軒家が並ぶ地区。通りごとにデザインの違う、かわいい一軒家が集まっています。

歩き回ってお腹が空いたら、せっかくの下町散歩の締めくくり、ビュット・オ・カイユ通りの定食屋“Le Temps des Cerises”あたりで、典型的なフランスごはんというのがいいかも。もちろん中華街へ出るのもいいけれど。

数年がかりで作られるゴブラン織のタピスリー。

ボクの住むバニューの町は、パリから4キロほど南の郊外にある。最寄り駅は隣町のブール・ラ・レーヌ。ここの住宅街を、セーヌの小さな支流ビエーヴル川にフタをした緑道が抜けています。

ヴェルサイユ近くに源のあるこの川は、郊外の町々を北上して、ビュット・オ・カイユの南、トラムのポテルヌ・デ・プープリエ駅付近でパリに入り、13区を縦断、植物園の南を流れオステルリッツ駅横でセーヌに注いでいました。

アジェやマルヴィルの古い写真を見ると、洗濯屋や染色、皮なめしの職人たちの仕事場だったこの小さな川のようすがわかります。

都市化の進んだ今世紀の初めには悪臭漂うドブ川と化し、パリ市内のビエーヴル川は19

手もとの鏡で後ろに貼られた原画を確認しながら芯糸に色糸を通していく。

12年にすべて暗渠《あんきょ》（地下水路）になってしまいます。

「ゴブラン大通りに正面入り口のある「国立ゴブラン織製作所」は、15世紀にジャン・ゴブランがビエーヴルの畔に造った染色工場が始まりです。

17世紀、ルイ14世の時代に王立ゴブラン織製作所となり、ヴェルサイユなど各地の宮殿を飾る名品を生み出してきた。


今もたくさんの職人たちが、17世紀と同じ方法で織っています。無数に張られた芯糸に、太い絹や毛の色糸を1本1本通しては叩いていく。気が遠くなるような作業です。複雑な絵柄のものだと1年かかっても1平方メートルくらいしか進まないという。若い女性が幅7メートルもある巨大な作品と取り組んでいる。これが完成するころ彼女はいくつになっているんだろう。

織り機にはタテ型横型がある。

本館展示室にある17世紀の作品。

ビエーヴルが流れていた通りとゴブラン織り工房。

今ここで作られている織物の原画は、ほとんどが現代画家の作品。でも、所内の展示室や礼拝堂に飾られた17世紀の作品のほうがどう見ても深味があっていい。だからなおさら余計なことを考えてしまうのです。

ビエーヴル川が流れていたベルビエ・デュ・メ通り14番地にゴブランの染色工場があった。ゴブラン一家はゴブラン通りとギュスターヴ・ジュフロワ通りの間に建つ「ブランシュ王妃の城」と呼ばれる15世紀ゴシックの館に住んでいた。

田舎屋のレストラン。

「モビリエ・ナショナル」の建物は、1934年に、20世紀前半のフランスの代表的建築家オーギュスト・ペレが設計したもの。ここは国有の家具や装飾を管理しています。ヴェルサイユ宮殿やルーヴル美術館、エリゼ宮などの家具や内装の製作と修理もここで行われている。すべて国有財産であるゴブラン織もここが管理しています。

「スクワール・ルネ・ル・ギャル」は、二筋に分かれていたビエーヴルの流れの間の中州だった窪地に造られた公園です。ここにもかつての河畔のポプラ並木が残されている。

このあたりはのどかな田舎町の雰囲気がある。公園わきの“Auberge Etchegorry”は、バスク

料理のレストラン。壁に《マダム・グレゴワールのキャバレー》という旧名の看板を残している。古い田舎家そのものの店には、ヴィクトル・ユゴーやシャトーブリアンが出入りしたという。すぐ近くに、1960年に建てられたパリ最初の超高層建築がそびえているのですが……。

ゴブランの家「ブランシェ王妃の城」。

レストラン「オーベルジュ・エチェゴリー」

中ほどにスキマがあるパリ最初の高層住宅。

『ル・モンド』の設計はポルツァンパルク。

Faubourg Saint Jacques **31** ●

つわものどもの夢のあと。

刑務所と緑の路地のアトリエ、天文台。

サンテ刑務所。塀というより壁です。重罪犯は郊外フレーヌの刑務所に。

サンテ刑務所といえば、ルブランの『怪盗ルパン』や、シムノンの『メグレ警視』などに登場するパリの刑務所です。アポリネールや大杉栄も、人を食った佐川一政も、ここに収容されていた。

広いアラゴ大通りのマロニエ並木に沿って刑務所の高い石垣塀が続いています。

この塀の脇の歩道に、小さな公衆トイレがある。四角く刈り込まれたマロニエに隠れて夏の間は目立たないけれど、《ヴェスパジェンヌ》と呼ばれる濃緑色の古びた鉄製小便所です。かつては市内のあちこちに、いろんなタイプがあったけれど《風紀上の理由》で撤去されてしまった。タクシーの運転手たちに愛用されているこ

の刑務所脇のトイレは、19世紀半ばから生き続けている歴史的な存在なのです。きっと場所柄、風紀上の問題が起こらなかったのでしょう。

刑務所の裏手は田舎のようにのどかです。ただし刑務所にカメラを向けていると、必ずパトカーが寄って来る。原則撮影禁止なのです。

定員2名、男性専用です。

「シテ・ヴェルト」は、緑の細い路地に並ぶアトリエ長屋です。建物はくたびれているけれど、草花はきれいに手入れされている。隣のレストラン"ENTOTO"は、エチオピア料理の老舗です。

アラゴ大通りの公園の隣に昔の日本の小学校のような建物があります。「シテ・フルーリ」の名のとおり、藤やアカシアに囲まれた29軒のアトリエ村。19世紀末の木造の建物にはピカソとモジリアニが住み、ロダンとマイヨールの鋳造工房もあった。

プルーヴェ1951年の名作。物置みたいなプレファブ建築だけれど半世紀以上も使われている。

この辺りは今もアーティストが多いところ。こういうアトリエは、毎年春と秋、地域ごとに行われるポルト・ウヴェルト（アトリエ公開）の機会に見ることができます。

天文台のプルーヴェ。

アラゴ大通りとフォブール・サン・ジャック通りの角の公園は、パリ天文台の庭園の一部を公開したもの。そう広くはないけれど、木立と花に囲まれた芝生が気持ちのいい昼寝を約束してくれる。訪れる人も少ない《秘密の花園》です。天文台との境のフェンスの脇に、カマボコ型の金属製の小屋がある。断面に円窓が並ぶこの奇妙な建物は、金属構造設計の鉄人ジャン・プルーヴェ設計の「サル・メリディエンヌ」です。

坂道カッシーニ通りには、ルイ・スーが設計した20世紀初めの大きなアトリエ建築が並んでいる。向かいの集合住宅は、典型的な30年代アール・デコ建築です。

パリの経度は、東経2度22分（緯度は北緯48度52分）だけれど、グリニッジ子午線と争って負けるまで、フランスではパリ天文台を本初子午線（経度0度）の基準点としていた。天文台は、1200mほど真北のリュクサンブール宮殿と、向かい合っています。

ポール・ロワイヤル大通りの86番地、サン・ジャック通りとの角の建物には島崎藤村がいた。サン・ジャック通りに面した、陸軍病院ヴァル・ド・グラスの教会は、フランソワ・マンサールによる17世紀フランス、バロックの代表的建築です。この病院は大統領など国の要人が倒れた時に必ず担ぎこまれることで有名です。

コシャン病院は、13世紀創設のポール・ロワイヤル修道院があったところ。今も修道院時代の回廊や礼拝堂が残されている。ここのフォブール・サン・ジャック通りに面した病棟は、ボクの視野検査をしてくれるので有名（なワケないか、いえ眼科）です。

シテ・フルーリ。

カッシーニ通りの大型アトリエ住宅。

旧修道院の17世紀の回廊。

『勝手にしやがれ』のカンパーニュ・プルミエール通り。

「ニューヨーク・ヘラルド・トリビューン」。シャンゼリゼに響くジーン・セバーグの声。ゴダールの映画『勝手にしやがれ』の粋な出会いは、カンパーニュ・プルミエール通りを逃げるチンピラ、ベルモンドが、ラスパイユ大通りの角であっさり死んでいくシーンで終わります。

モンパルナスとラスパイユふたつの大通りを結ぶこの通りは、小さなレストランやホテルが並ぶ300mほどの直線道路。このごくふつうの通りにたくさんの芸術家たちが住んでいた。

今は建て替えられている3番地にはモジリアニや彫刻家のポンポン、9番地にはイヴ・クラインン、17番地には写真家アジェのアトリエがあった。カフェの赤い日よけの陰に《近代写真の父アジェが1898年から1927年まで住んだ》という銘板があるけれど、ほかの人の掲示が見当たらないのは、数が多すぎるためかも知れません。

イヴ・クラインが住んだのは左の14番地。

ウジェーヌ・アジェの銘板。

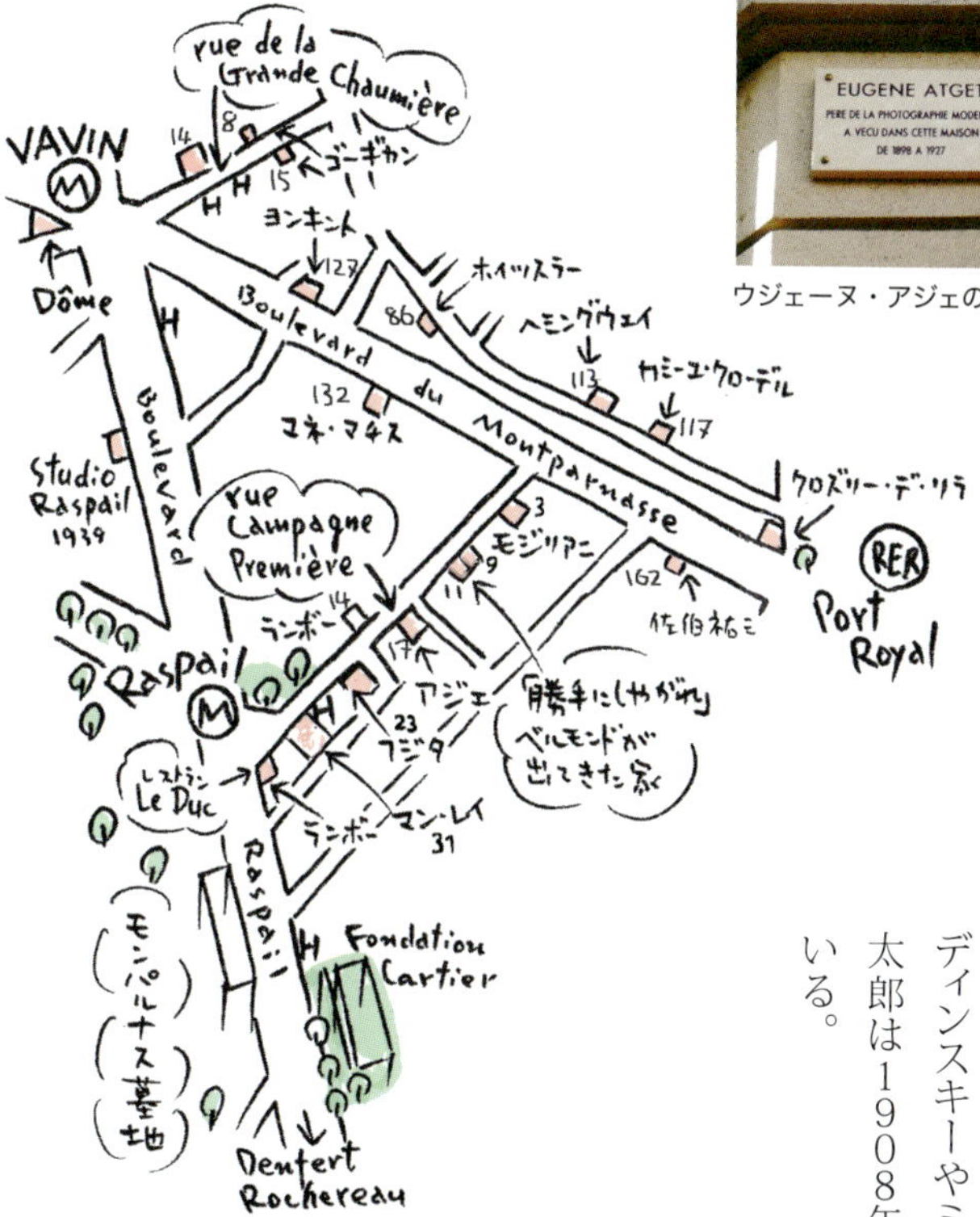

アジェのいた建物の横の路地を入ると、両側に数軒のアトリエが並んでいます。ピカソがジャコメッティやマックス・エルンスト、そしてカンディンスキーやミロと出会ったところ。高村光太郎は1908年から1年間をここで過ごしている。

17番地のアトリエ路地。

14番地にはランボー、23番地には戦争を逃れて帰国していたフジタが1950年にパリに戻って住んだ。写真家マン・レイのアトリエがあった31番地のアトリエ住宅は、ビゴの磁器タイルで飾られた1911年の建築です。

つわものどもののゆめのあと。

マチス、シャガール、マックス・ジャコブ、キスリング、パスキン、サティそしてキキ。モンパルナスが最も華やかだった時代、このあたりのアトリエに出入りした芸術家たちは、近くのヴァヴァン交差点のカフェ「ドーム」や「ロトンド」、そして「セレクト」を舞台に《Les années folles＝狂乱の20年代》を演じていた。27年に開店した「クーポール」や、ヘミングウェイのお気に入りだったポール・ロワイヤルの「ラ・クロズリー・デ・リラ」を含め、ヴァヴァン付近はトロツキーからダリ、ブルトン、そして20年代以降も、サルトルとボーヴォワールの時代まで、世界中の文化人たちが集まるところだった。

「ドーム」はカフェというより高級レストランになり「クーポール」は新しいビルになって、今のヴァヴァンはアメリカ人観光客が目立ちます。

タヒチから戻ったゴーギャンが住んだのがグランド・ショミエール通り。1904年創立の彫刻と絵画のアトリエ「グランド・ショミエール」には、今もスケッチブックを抱えた美術家の卵たちが出入りしています。入り口の古びた

31番地はビゴのタイルで覆われている。

マン・レイのアトリエがあったのは右の入り口31番地ビスだった。

看板の講師陣にザッキンの名前も見える。向かいのホテルや画材屋にも、昔の姿が残されています。

ジーン・セバーグはすぐそばのモンパルナス墓地に眠り、カッコよかったベルモンドも今やすっかり老けました。

入り口のマルキーズ（ガラスのひさし）がかわいい。

空が広いモンパルナス墓地。

青空と花と緑のモンパルナス墓地は、まるで明るい公園のよう。楽しげに散歩する人も多い。構内には何やら大げさな墓もあれば、サルトルとボーヴォワールのように簡素な墓、アルプの抽象彫刻や、ニキ・ド・サンファルの『鳥』を載せた墓、朽ちかけた礼拝堂のような墓……。

有名無名いろんなお墓のある中で、いちばんの人気者はゲンズブールさんです。ゲンズブールのお墓の上には、花束や、写真、メトロの切符、彼のあだ名のキャベツなどがあふれています。無頼のイメージが強い彼だけれど、ペール・ラシェーズ墓地のジム・モリソンに比べると、セルジュのファンは、ずっとお行儀がいい。『シェルブールの雨傘』の監督ジャック・ドゥミ

サルトルとボーヴォワール。

昼下がりの墓地は明るく爽やか。

の墓は、大きな木の根元にあって、そばにはベンチが置かれている。古い田舎にあるような墓には、《Famille Demi-Varda》と刻まれている。自分も一緒に入るからね、という、パートナーのアニエス・ヴァルダの想いが伝わってきます。

スーザン・ソンタグの墓もある。２００４年の暮れにＮＹで死んだ彼女は、息子のデヴィッド・リーフの手で愛するパリに埋葬された。ラ

人気者ゲンズブール。

ジャック・ドゥミ。

ダダイスムの詩人トリスタン・ツァラ。

ニキ・ド・サンファルの鳥は友人の墓。

ディカルで明快だった彼女にふさわしく、一切の飾りの無い方形の真っ黒な石の墓です。
モンパルナス墓地は塀にはさまれた並木道でふたつに分かれている。その東側小さいほうの墓地のいちばん隅っこ、裏の建物の壁の前の

『写真論』も書いたスーザン・ソンタグ。近くにブラッサイの墓もある。

台座の上で、四角い2人がしっかり抱き合っています。ブランクーシ初期の作品『接吻（Le Baiser）』です。この作品は恋人を残して自殺をした彼の友人の墓のために彫られたもの。全体に明るいこの墓地の中ではいちばん陰気な場所で、半ば抽象化された2人の姿が、妙に艶っぽく見える。正門近くにあるブランクーシ自身の墓はごくふつうのお墓です。

墓地の周りも芸術がいっぱい。

墓地に面した西南側の通りには、今世紀初めに建てられたアトリエ建築がたくさん残っています。ピカソがいた白いアトリエは、墓地からもよく見えます。彼はきっとお墓を眺めながらキュビスム追究に励んでいたのでしょう。
墓地の裏手、１９２９年の大きなアトリエ集合住宅は、タイルの花模様で飾られています。ラスパイユ大通りを南へ行くと、ジャン・ヌーヴェル設計の「カルティエ現代美術財団」があ

る。歩道に沿ったガラスの塀と内側に建つ透明な展示室とが緑の中で渾然となった建物では、写真や映画、モード、音楽を含めた幅広い企画展が催されています。

ブランクーシ作の『接吻』。

カルティエ現代美術財団のガラスの塀。

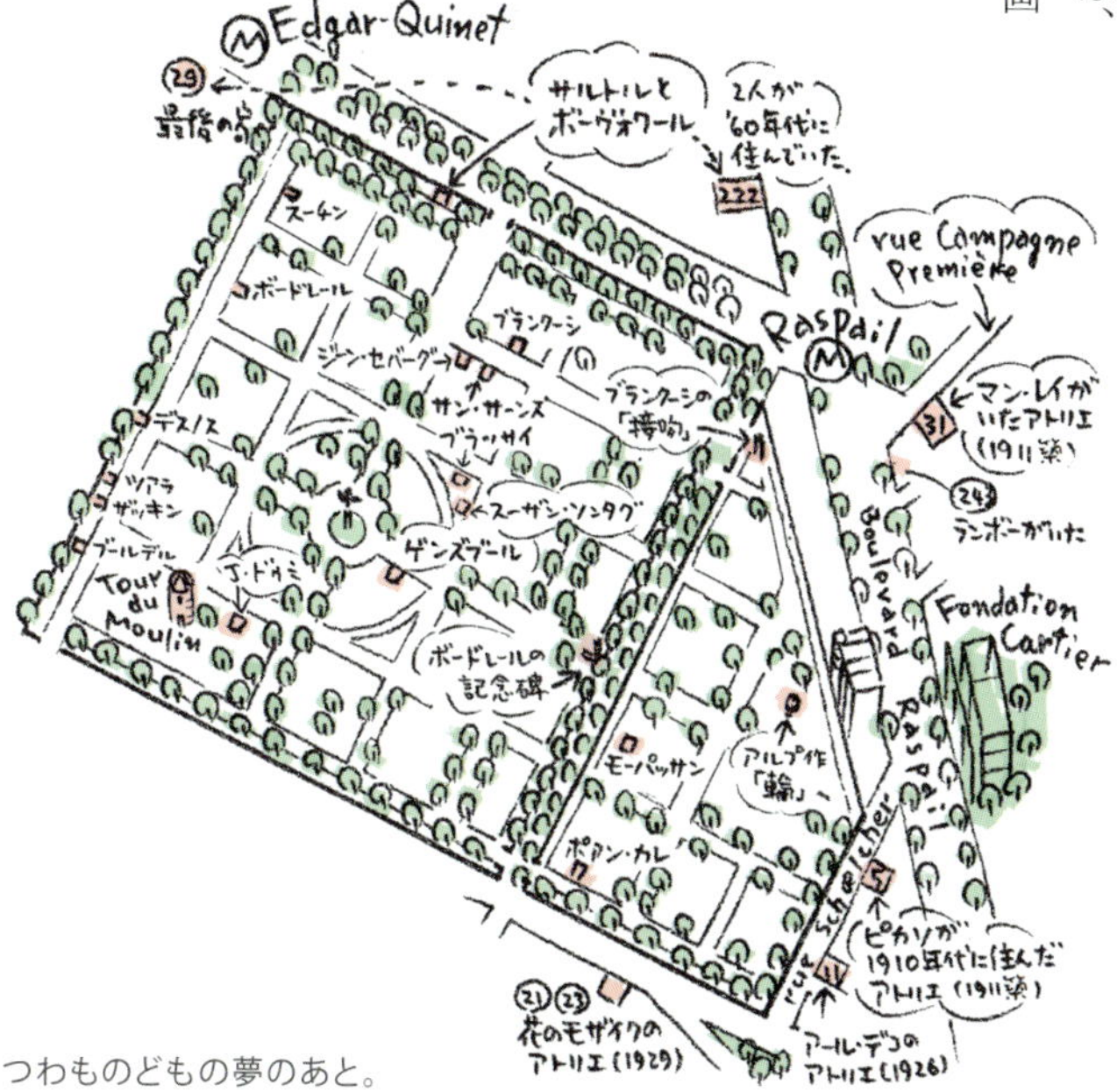

金子光晴からA・ヴァルダまで、「ダゲール街の人々」。

ライオンは正義を守る力の象徴です。

ダンフェール・ロシュロー広場にがんばっている『ベルフォールのライオン』像は、１８７０年にドイツとの戦争でフランス軍がベルフォールを死守したことを記念して、ベルフォールの岩山に据えられたバルトルディ作のライオン像のレプリカです。このときの指揮官がダンフェール・ロシュロー大佐で、バルトルディは『自由の女神』の作者です。

広場のすぐ南、モンパルナス墓地の裏側のダゲール通りは、店先に屋台を出した大きな魚屋や八百屋が威勢のいい売り声を上げ、シャルキュトリ（豚肉やお惣菜を売る店）や、チーズ屋、ワイン屋などが軒を連ねる、いかにも日常のパリらしい商店街です。

長さ630mほどののんびりした通りに、ワイン屋とパン屋がそれぞれ5、6軒もある。

気楽なカフェやレストランもおよそ20軒。昔風のパリのビストロとして必ず挙げられるのがブーラール通りに曲がってすぐの"Le Vin des Rues"。狭いけれどドワノーの写真にも登場する有名店です。ワイン屋のやっている"Le

大きな魚屋も名店です。

20世紀初めのガラス絵のあるパン屋。

パリに1軒だけというアコーディオン専門店。

Rallye Peret"や、向かいの"La Chope Daguerre"も人気です。

ダゲール通りを西に進むと、よりなんでもない通りになる。カリブ海のアンティーユ料理や、インド洋のレユニオン料理、そしてイタリア、モロッコ、インド料理と、エスニック色が増すのがおもしろい。ジャポンもあるけど味は?・?・?です。

ダゲール街の人々。

金子光晴の自伝『ねむれ巴里』（中央公論社刊）で、金子夫妻がどん底のパリ暮らしを過ごしたのが、ダゲール通り22番地の"Le Lionceau"です。10室しかない2ツ星ホテルだけど、こざっぱりとして居心地はよさそう。ただしここに泊まった友人の話では、部屋の壁に描かれた絵がちょっと、とのことですが……。夫妻は1929年の暮れからおよそ2年間のパリ生活の大半をここで過ごしている。ここには林芙美子も滞在していた。31年の末にブーラール通り10番地に部屋を借りた芙美子は、ロンドン旅行から、すっかり気に入ったこの街に戻って、広場に面したホテル"Floridor"に滞在した後に、「リオンソー」に落ち着いた。ヴァルター・ベンヤミンもいたことがあるという「フロリドール」も気楽な2ツ星ホテルです。

金子光晴夫妻、林芙美子が泊まったホテル。

昔からアトリエ建築が多いこのあたりには、

本番前、メイク中のアニエス。右が自宅と製作会社「タマリス」の建物です。

昔も今も多くの芸術家、作家、俳優たちが住んでいます。素朴派の画家アンリ・ルソーや彫刻家カルダーもこの街の住人だった。

アニエス・ヴァルダは、もう半世紀以上もここに住んでいます。初期の『ダゲール街の人々』は、この街の人たちの暮らしを撮った作品だった。

数年前、ダゲール通りの西のほうの人気ビストロ“Pingouins”に向かっていたら、「パングワン（ペンギン）」手前の、ヴァルダの自宅兼仕事場の前で、彼女のロケ撮影に遭遇した。その映画『アニエスの浜辺』は、幼い頃を過ごしたベルギーの海から、疎開先の南仏セトの海と、海岸をキーワードに自分の映画人生を振り返る自伝映画。最愛の人ジャック・ドゥミと共に過ごし、失ったこの通りに、砂を敷きつめて最後のシーンを撮っていたところだったのです。通りがかりのわれわれに、すまなそうににっこりと「ボンソワール」とあいさつしてくれたアニエスは、気さくなかわいいおかっぱアタマのおばさんです。

ぜったい涼しい地下の散歩道、カタコンブ。

パリだって30度を超える日もあります。ダンフェール・ロシュロー広場に入り口がある「カタコンブ」は、中世以来18世紀末までの約600万人の骨を納めた地下納骨堂（洞？）です。

ノートル・ダムもルーヴルも、パリの古い建物はみんな石造り。その大量の石はどこか遠くから運んできたのではなく、何世紀にもわたって地下から掘り出されていた。だからパリの地下は穴だらけ、その総延長は250キロにもなるそうです。とりわけ、リュクサンブールあたりから南の地域は、まるでアリの巣みたいになっているらしい。その採石場だった場所の一部が、カタコンブとして使われたのです。

この地下トンネルは魔術師の仕事場やフリーメースンの集会に使われたり、泥棒や浮浪者の隠れ家、不良のたまり場、コンサートや芝居のホールとしても使われた。第二次大戦中はレジスタンスの拠点にもなっていた。今はカタコン

カタコンブの入り口は18世紀末の市門だった建物。

ブ以外の入口はすべてふさがれています。

18世紀末から約80年の間に、それまでレ・アルにあったイノサン墓地をはじめ、市内のあちこちから無縁仏？の骨の山がここの採石場跡に運ばれてきた。1千年近い歴史を持つイノサン墓地は陰惨で、18世紀半ばにはもう超満員。死体の上に死体が積み上げられて悪臭を放ち、ネズミと病原菌の巣だったらしい。

黄泉の国のありさまが彫られている。チベットやブータンの町のよう。

死の帝国へ。

入り口から130段のらせん階段を、地下20mまで下ります。気温は年中約14度、トンネルに入ると天井から水滴がポタン。初めはまっすぐの一本道だけれど、途中からやたらとくねくねした曲がり道になる。ところどころについた明かりを頼りに、前の人に遅れないように進みます。「止まれ、ここが死の帝国（冥土）だ」と刻まれた門をくぐると、いよいよ納骨堂。

これがまあ、両側ともギッシリ人骨の壁。手足の骨を薪みたいに積み上げ、頭蓋骨を間に並べて文様を作ってある。海賊の旗みたいに、スネの骨をバッテンにしたのもある。骨の土手のいちばん上にはシャレコウベがこっちを向いて

並んでいます。白骨というけれど、どういうわけかここの骨はみんな赤銅色。

中には、ロベスピエールやダントン、サン・ジュストなど、革命のときギロチンにかけられた人たちの骨も混ざっているらしいけれど、何しろ1500mも続く骨の壁、頭と体、手と足もバラバラ、どれが誰やらわかるはずもありません。

初めのうち骸骨の目つき?に悲鳴をあげていた人も、そのうちだんだん慣れてくる。どの墓地から運ばれたという説明や、積み方の違いなんかを観察するようになり、そのうちもうどうでもよくなってくる。

中には、ガイコツさんに顔を寄せて記念写真を撮るガイコク人や、骨を拾いあげるヤツまでいる。

でもふと人の流れが途絶えると、さすがに不気味。あわてて前の人たちを追うのです。

出口に上がる階段で、前の人の靴が白くなっているのに気がつく。見ると自分の黒い靴も先のほうが真っ白。地下を流れる石灰水の仕業です。

出口前の土産屋は、いろんなガイコツグッズでいっぱいです。

1897年4月2日の深夜、上流階級を集めた音楽会が開かれた。曲目はショパンの『葬送行進曲』ほか。

出口前のガイコツ土産。

死の帝国からの脱出口です。

20年代のアトリエが並ぶ路地、ヴィラ・スーラ。

ダンフェール・ロシュローから南へ伸びる、ルクレール将軍大通りの東側一帯は、建物の高さも不揃いで、どことなくひなびた田舎町の雰囲気が漂う地区。大小のアパルトマンや古びた田舎風の家に混じって、20年代に建てられたアトリエ建築が数多く見られます。

メトロ4号線のムトン・デュヴェルネから東に少し入ったアレ通りに、11軒の一軒家が扇形に並ぶ半円形の小さな広場があります。ここは19世紀前半に開発された住宅地。わきの細い行き止まり道「ヴィラ・アレ」にそっと入りこんでみる。まるで田舎にいるような静けさです。

ダンフェールとモンスリ公園を結ぶ並木道ルネ・コティ大通りから、トンブ・イソワール通り

ヴィラ・スーラ。通りの右側、1、3、5、9、11番地がリュルサの設計。

に入り、並木のアレジア通りを渡る。

「ヴィラ・スーラ」は、行き止まりの小さな路地の両側に、アトリエ建築がずらりと並ぶ芸術家のための街です。点描派でおなじみの画家スーラの名がついているけれど、彼のアトリエはありません。ダリやスーチン、それにアナイス・ニンとヘンリー・ミラーなどが住んでいました。

モンパルナスが華やかだった時代のモダン・スタイル建築が軒を連ねています。どの家もシンプルな外観だけれど、レンガの家、円窓のある家、斜めの天窓を持つ家、曲面の窓の家など、一軒一軒それぞれに個性がある。通りの右側

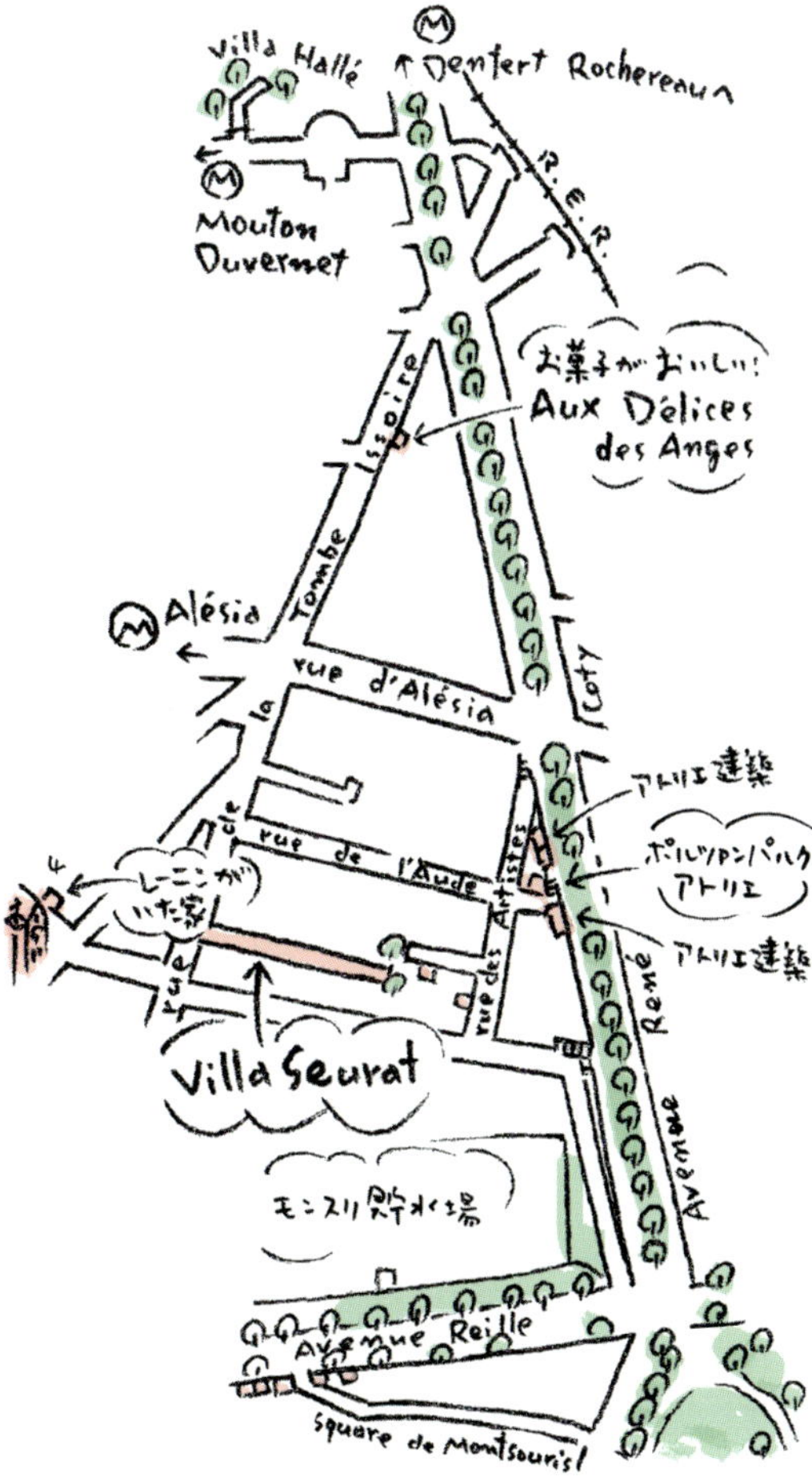

ウクライナ生まれのシャナ・オルロフのアトリエ。シャナは、1920〜30年代の売れっ子だった。

オルロフのアトリエは1926年の建築。

の家がたいてい、道に面した北側にアトリエの大きな窓を開いている。見上げると2階の大きな窓越しに画架や彫刻作品が見えたりして、ここが今も芸術家たちのアトリエとして生きているのがわかります。

オルロフ、レーニン、ポルツァンパルク。

1924年から26年に建てられた20棟のうち、7棟は建築家アンドレ・リュルサが、タピスリー作家だった弟ジャンと彼の友人の彫刻家や画家たちのために設計したもの。リュルサはブーローニュやヴェルサイユなどにも多くのアトリエを建てている。7ビスの女性彫刻家オルロフのアトリエはオーギュスト・ペレの設計です。

近くにレーニンが住んでいた建物があります。ロシア革命前の1909年から3年間を過ごしたところ。前に建つ巨大な赤レンガの教会は、なんとなくロシアっぽいけれど、レーニンとは何の関係もありません。

ヴィラ・スーラ北のロード通りの端っこの階段をルネ・コティ大通りへ下りる。階段脇の古い建物が超モダンに改装されている。クリスチャン・ド・ポルツァンパルクの設計事務所です。

ルネ・コティ大通りの並木道にも、20年代の立派なアトリエ建築がある。ここから南へ行くと、すぐモンスリ公園。手前の高い土手は、セーヌ上流からの水を市内へ送るモンスリ貯水場。芝生に覆われた土手の上に光るガラスばりの監視小屋は1900年の建築です。

芸術家通り。階段下はルネ・コティ大通り。

ポルツァンパルクのアトリエ。

春はコクリコ(ひなげし)が咲く貯水場の土手。

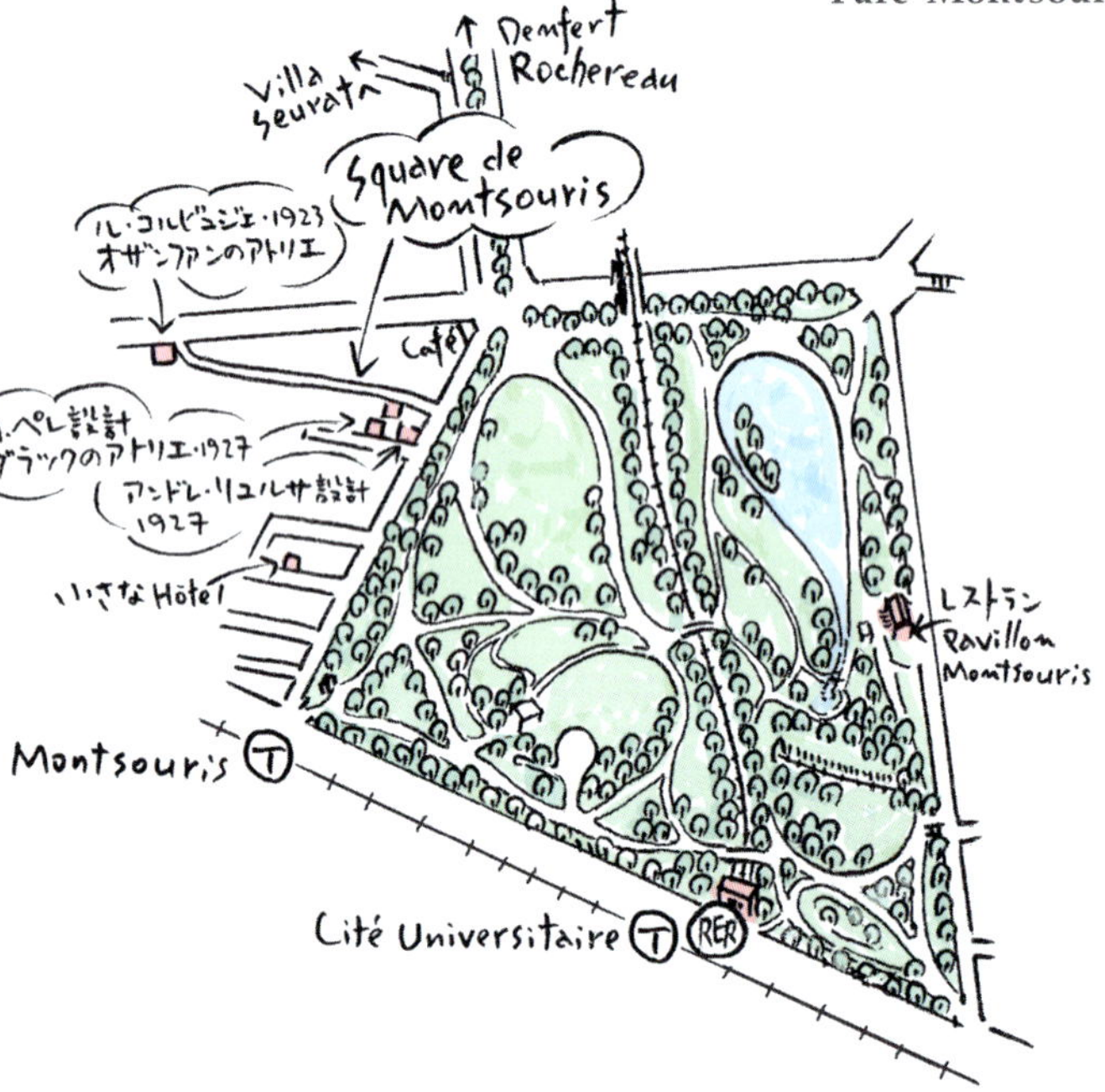

モンスリ公園と、一軒家の並ぶ緑の坂道。

19世紀の半ば、ナポレオン3世の第二帝政時代にセーヌ県知事だったオスマン男爵は、皇帝の命令でパリの徹底的な都市改造を実行した。

狭く入り組んだ中世の街並みにオペラ大通りやリヴォリ通りなどの大通りを貫通させ、通りに面した建物の形や高さを揃え、パリ中に大小の広場や公園を造りました。モンソーなどの大きな公園から街角の小公園まで、現在のパリの公園の大半は、この改造の産物なのです。

「モンスリ公園」もその時に造られたものです。石切り場の跡に造られたという英国式の庭園は、オスマン配下の造園技師アルファンの設計。広いスロープの芝生に滝や池もあって、変化に富んだ構成が楽しい。深い谷底には廃止されたパリ外周鉄道プティット・サンテュールの線路跡。公園の真ん中にRER（郊外線）のシテ・ユニヴェルシテール駅のホームがあります。

ボクはこの沿線の郊外に住んでいるから、パリに出るときはいつも、緑の谷間にあるこの駅を通ります。レ・アルからわずか数分のところだけれど、もう郊外の雰囲気。いつも大勢の庭師たちが手入れしている公園は、季節ごとに変わる花々が咲き乱れ、植物の匂いでいっぱいです。

水鳥たちがのんびりと水浴びをしている池のほとりには、世紀末風の建物がふたつ。片方は、今でもときどき演奏が行われる野外音楽堂で、その奥のガラスばりのテラスはレストラン「パヴィヨン・モンスリ」。マタ・ハリからレーニン、トロツキー、ブラックやフジタ、サルトルにボーヴォワール、サガンと、有名人たちが集ったこの店は、テラスからの涼風と陽光にあふれている。

白鳥や鴨が遊ぶ池を見下ろす木陰の散歩道。

スクワール・モンスリ。

モンスリ公園西側に並ぶ小道は緑につつまれた住宅街。1920～30年代の一軒家やアトリエがたくさん集まっている。モンパルナスの南、パリの町はずれのこの辺りは、画家たちがアト

ブラックのアトリエは1929年。

リュルサ設計のアトリエ（1927年）。

ペレが設計した1923年のアトリエ。

ル・コルビュジエによるオザンファンの家。

リエを構えるには格好の場所だったのです。

ブラック通り入り口の白いアトリエ住宅は、アンドレ・リュルサの設計。アトリエ建築の名作といわれています。公園に向いた屋上の、小さな円い穴の開いたひさしがユニークです。

ブラック通りの6番地、レンガとコンクリー

スクワール・モンスリは全長200mほど。両側あわせて49軒の小住宅が並んでいます。

トの地味な造りの家は、オーギュスト・ペレが設計したブラック当人のアトリエ。向かいの5番地にはドランが、そしてアンリ・ルソーやフジタも一時この通りにいました。

ゆるやかな坂道「スクワール・モンスリ」には、蔦の絡まる愛らしい家々が並んでいる。アルプスの山小屋風の家、イタリア風のレリーフ彫刻のある家、金色に光るウィーン風の花模様モザイクタイルのある家、マルキーズと呼ばれるガラスのひさしもきれい。ドランやフジタも住んでいたこの静かな小道、今も俳優やアーティストが多いという。一軒の窓辺に"A VENDRE"(売り家)の看板。でもきっと高いんだろうなぁ。

東側3番地はペレの設計。そしていちばん西端、モンスリ貯水場土手下の家は、ル・コルビュジエが友人の画家オザンファンのために設計したもの。1923年、ル・コルビュジエのフランスでの最初の建築です。

140カ国の学生が住む、パリ国際大学都市。

モンスリ公園の南端にRERのシテ・ユニヴェルシテール駅があります。公園前の大通りは、パリの端っこを巡る2本の環状道路(ペリフェリック)の内側の通りで、通称元帥大通りという。区間ごとにフランスの将軍たちの名が付けられているからです。

　この大通りをトラム3号線が走っています。フランスでは各都市がトラムを復活させている。大通りの中に芝生を植えた専用路線を設け、セーヌの東西の橋を結んでいるこの路線は市民に大好評で、東北部への延長工事が行われています。

　この電車通りを隔てた公園の向かい側に「パリ国際大学都市」がある。ここは世界各国からパリに勉強に来ている学生や研究者のための宿舎です。各国からの留学生とフランスの地方から上京?している学生たち約1万人が暮らしている。

　アーチ型の正門を入ると国際館があります。フランス式庭園を前にした宮殿のような建物

パリ南端を走るトラム、3号線です。

は、大図書室や劇場、音楽室、食堂、地下プールなどを備えた、この学園都市の中心です。グランドやテニスコートもある34ヘクタールの広い構内は、木立と芝生に覆われています。1920年代から60年代にかけて建てられたいろんな建築様式の宿舎が、緑の中に点在している。各国の宿舎はそれぞれ30%以上他国の学生を受け入れることになっています。

ここは大学ではなく学生寮の集合です。

40棟ある宿舎の中で、落ち着いたネオゴシック建築のドゥッシュ・ド・ラ・ムルト財団館がいちばん古くて、1925年の落成です。ここの劇場は教会のような塔のある建物。赤レンガのイギリス館やベルギー館、アメリカ館もいかにもクラシックな学寮っぽい雰囲気です。

50～60年代の近代建築のメキシコ館やレバノン館。ダイナミックならせん階段がやたらに目立つ旧イラン館は、クロード・パラン等の設計した69年の高層建築です。

西の隅にあるオランダ館は、ヒルヴァーサム市庁舎などで知られるオランダの建築家デュドックによる20年代末建築の名作です。

ル・コルビュジエのスイス館。

30年代初めに造られたスイス館は、ル・コルビュジエの設計。ホールと1階（日本の2階）の一部屋が公開されている。簡素だけれど明るくすっきり気持ちのいい建築です。ブラジル館は

ドゥッシュ・ド・ラ・ムルト財団館。

西の端にあるオランダ館。

もちろん日本館。

スイス館。ル・コルビュジエの集合住宅建築の原型です。

ルシオ・コスタとル・コルビュジエの共同設計。

神殿風のギリシア館、青い鎧戸《よろいど》をアクセントにした白壁のスウェーデン館など、それぞれのお国ぶりを示す建物の中で、クメール風の浮き彫りで飾られたカンボジア館は、内戦の続いた国情から30年も閉鎖され、ようやく再開した。入口の大きな猿の像が目をむいています。

薩摩治郎八が寄贈した日本館は、フランス人建築家P・サルドゥの設計した旅館風コンクリート建築。ホールに藤田嗣治の大きな屏風画が2点飾られています。

ここは学生でなくても空きがあれば一時滞在を受け入れている。日本館の場合は5泊以上の滞在で、事前に期間・人数などを記して館長宛にメールで問い合わせる。空室があれば申請書を送ってくれます。緑に囲まれた日本旅館ユニヴェルシ亭(?)でのパリ滞在というのもいいかもしれない。

カタローニュ広場とTGVホームの屋上公園。

人工地盤の天然芝生。

モンパルナス駅は、フランス大西洋岸への列車の発着駅です。南西部へ向かう新幹線、TGVアトランティク(大西洋線)のホームは、在来線ホームの上に造られている。そのTGVホームの上に「ジャルダン・アトランティク」という人工地盤の屋上公園があります。壁のようにそびえる60年代の建物と、曲面の多い80年代建築の「モンパルナス2」に囲まれた空間です。

園内にはTGVの行き先のブルターニュやボルドー方面の植物が植えられ、コンピュータ制御の噴水が海岸の波打ちぎわを演出している。

北側の白い建物は「ルクレール将軍記念館+ジャン・ムーラン博物館」。第二次世界大戦で自由フランス軍としてノルマンディ上陸とパリ解放を果たした英雄と、ナチスの拷問で死んだレジスタンスの指導者の功績を伝える歴史博物館です。

14区の西端、カタローニュ広場は、モンパルナス駅裏手の線路沿いに進められた再開発で生まれた円形の広場です。広場の中央には直径30

カタローニュ広場とボフィール建築。

ジャン・ムーランといえばこの写真、なのです。

mもある石の円盤が据えられ、水が流れている。ブルターニュ産の花崗岩で造られたこの円盤は、モンパルナスの語源《古代ギリシアのパルナス山》をイメージしたという現代彫刻。でも、工事中の下水処理場のようにも見えてしまう。

1901年、ジュール・アストリュック設計の「労働の聖母教会」。

教会正面扉のステンドグラス。

この広場に面して1980年代後半、リカルド・ボフィール設計の集合住宅「レ・コロンヌ」が並んでいます。外観は石造りのルネサンス様式建物のよう。ところがこの古典的で壮麗な壁や柱は、すべて新建材のハリボテなのです。ボフィールはパリ郊外のセルジー・ポントワーズや南仏モンペリエなどでも、この疑似古典建築を造っている。図面や写真で見るとどれもじつにカッコいい。でも惜しいことにこの外装、近寄ってみるとあちこちヒビ割れたり剥がれたり。その中でレ・コロンヌはメンテナンスがいいのか、それほど惨めにはなっていない。その後ボフィールさんもこの手の建築は止めたようです。

清貧の教会、ＨＣＢ。

それに比べ、同じように低予算建築でも、レ・コロンヌのすぐ隣にある「ノートルダム・デュ・トラヴァイユ（労働の聖母）教会」は、《清貧の思想》が率直に表現されています。教会としては珍しい鉄骨構造。鉄の建物が競って造られた19世紀末から20世紀初めの建築です。大工や石工、金物の職人や工場の労働者たちの街だったこの地区らしく、その名の示すように労働に捧げられたという教会です。外壁は石造りで、形式も伝統的な教会建築だけれど、内部は鉄の柱がむき出しで当時の市場や工場建築の技術がそのまま生かされている。壁にはアール・ヌーヴォー模様の花や木が描かれています。

　レ・コロンヌの裏手から東へ、メーヌ大通りに出る手前のルブイ通りに、「ＨＣＢ（アンリ・カルティエ・ブレッソン）財団」がある。明るく改装された１９１３年のアトリエ集合住宅の展示室で、いい写真が見られます。

カルティエ・ブレッソン作品の常設展示はない。

最上階のサロンにあるＨＣＢ愛用のライカ。

Musée du Montparnasse, Musée Bourdelle

40 ● モンパルナス、画家たちの街。

モンパルナス美術館、ブールデルのアトリエ。

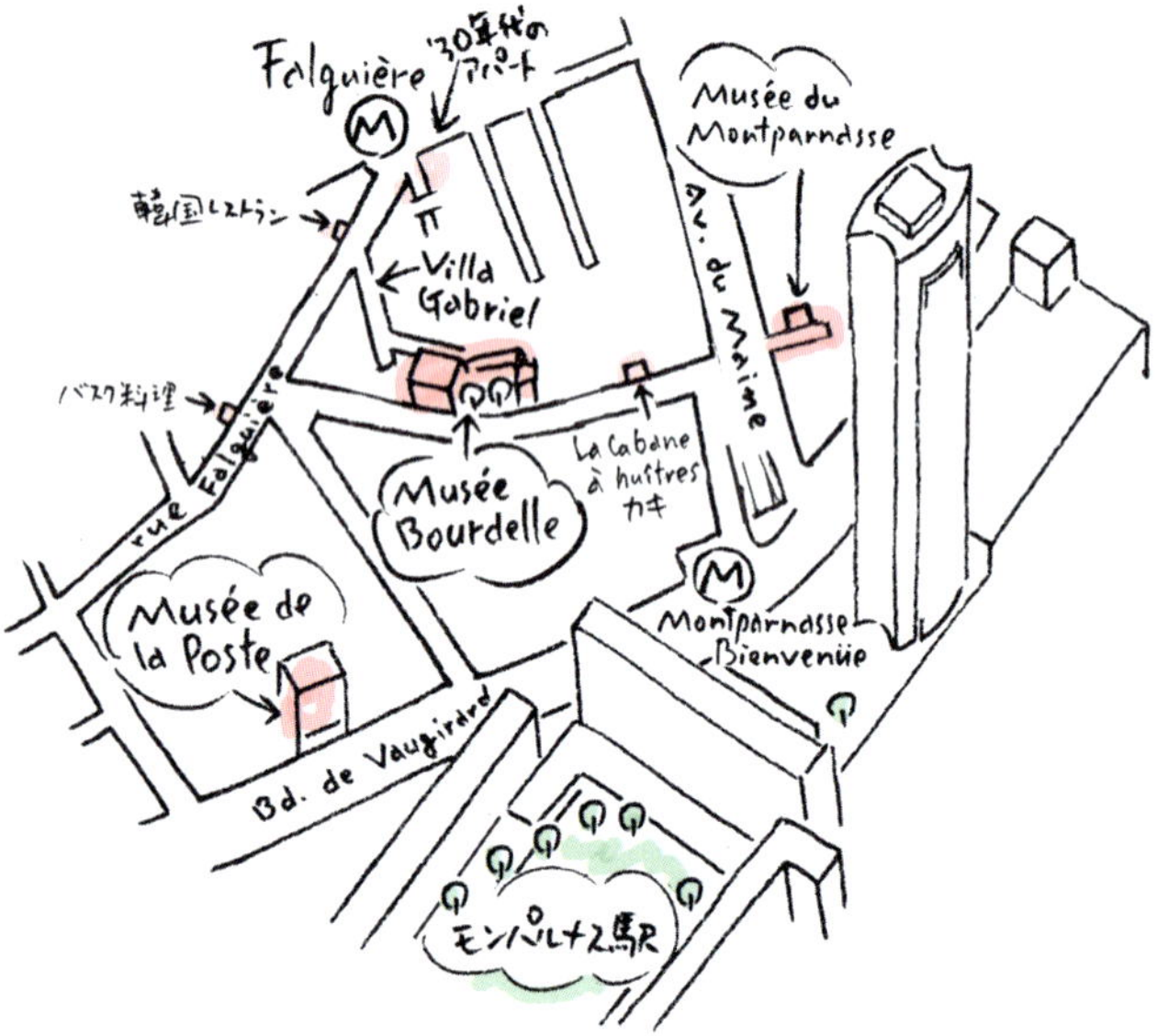

モンパルナス駅の周りは、いつも風が吹き抜けるような寒々しい雰囲気がある。60年代建築の四角い壁のような駅もそうだけれど、コンクリートの広場にそびえるトゥール・モンパルナスのせいかも知れません。１９７３年に建ったこの高層ビルは、かつてエッフェル塔ができたとき《パリでいちばん美しい場所はエッフェル塔の上だ。なぜならエッフェル塔が見えないから》といわれた言葉を「トゥール・モンパルナス」に置き換えて語られている。でも２１０ｍの屋上展望台からの眺望は、しっかりエッフェル塔も見えてさすがに素晴らしいのです。

その殺風景な高層ビルの足下から延びるメー

すぐそばのトゥール・モンパルナスとは対照的な、緑のアトリエ長屋です。

ヌ大通りに、緑に覆われた小さな路地が隠れている。

ここは1900年のパリ万国博の展示館の廃材を使って造られた共同アトリエです。

1912年からここに住んだ画家マリ・ヴァシリエフは、15年からの3年間、自分のアトリエに食堂を開き、貧しいアーティストのために給食を提供した。ほんとうにビンボーな人はスープとパンは無料。常連はモジリアニ、ピカソ、ブラック、レジェ、マックス・ジャコブ、フジタ、コクトー、それにトロツキーとレーニン……。1998年に開館したミュゼは、こんな歴史の匂いが残る場所で、モンパルナスに関連する企画展を開いています。

やさしいブールデル。

20世紀初めの彫刻家で、メーヌのアトリエにいたこともあるアントワーヌ・ブールデルのアトリエが「ブールデル美術館」になっています。

彼の名前のついた通りに面した本館は、ポルツァンパルクの設計。ブールデルというと『弓を引くヘラクレス』に代表されるように激しく力強くて、ちょっとカンベン、と思っていた。

本館とレンガの旧館展示場、それに前庭には、シャンゼリゼ劇場のレリーフ彫刻、ベートーヴェンの肖像シリーズなど彼の作品が大小900点もあって、あまりに巨大なナントカ将軍の騎

ブールデル美術館の裏庭は古寺の裏庭のよう。

ブールデルはここに、1884年、23才のときから、死んだ1929年まで暮らしていた。

馬像などには、やっぱり辟易してしまう。ところが、裏庭に面して昔のまま残されているアトリエには、そんなブールデルらしくない、奥さんや子供たちの肖像やデッサンなど、優しさにあふれた作品がたくさんあるのです。

当人の暮らした空間で、こんな思いがけない発見ができるのが、個人美術館のいいところです。

ファルギエール通りへ回り込むと、静かな袋小路「ヴィラ・ガブリエル」がある。ブールデルのアトリエのちょうど裏側で、ここにも同じころの大きなアトリエ建築が並んでいます。

駅のすぐ西側に郵便博物館がある。馬の飛脚便を始めたルイ11世の時代からの郵便事業の歴史が、展示されています。

郵便配達の制服やかばん、運搬用の気球や飛行機の模型など、郵便と手紙に関するモノでぎっしり。もちろんフランスの切手はすべて揃っていて、ダリやミロのデザインした切手の原画もある。

ここのブティックではきれいな便箋と封筒、カード類や筆記具を中心に、郵便ポスト形の貯金箱やPTTのマークが入った黄色い集配車のミニチュアなど、かわいいおみやげが選べます。

ブールデル美術館先にはド派手な商業学校。

ミロやモジリアニのいた街、パストゥール研究所。

高さの揃った建物が並ぶ都心部と違って、2階建ての古い家があったり、いろんな時代の建物が混在する15区のブロメ通り。どことなくのんびりした田舎町の匂いがします。

小さな公園「スクワール・ド・ロワゾー・リュネール（月の鳥公園）」の生け垣に、《15区ブーリスト協会》という看板がある。ブーリストはペタンクする人のこと。この専用ペタンク場でおじさんたちが真顔でボールを投げている。

公園の奥の砂場の脇にミロの彫刻『月の鳥』が立っています。1919年にカタルーニャからやって来たミロは、21年から25年にかけて、45番地（今のペタンク場の場所）にあったアトリエに住んでいた。ここはアンドレ・マッソンやロベール・デスノスもいて、アンドレ・ブルトンやマックス・ジャコブたちが集まるシュールレアリスム運動の中心地だったところです。

「ソレイユ・ドール小路」は、フランス革命のころ王党派が、ジャコバン派暗殺のための《ソレイユ・ドールの陰謀》を企てたところ。金の

ミロがパリ市に寄贈した『月の鳥』。

太陽のマークがついた入口をくぐると、18世紀の田舎家のセットを見るようです。
ヴォージラール通りをメトロのヴォージラール駅手前のスクワール・ヴェルジェンヌまで足を延ばすと、静かな路地の奥に1932年のアトリエ住宅「バリエ邸」が隠れている。建築家ロベール・マレ・ステヴァンスが、友人のガラス作家のために建てたもの。バリエの制作したモノクロのステンドグラスの絵柄が魅力です。

バリエのアトリエ住宅。一時は美術展示場だったけれど……。

パストゥール研究所。

狂犬病の予防注射でおなじみのパストゥールが創った研究所は、今も細菌学、免疫学の中心的な存在。世界中からたくさんの医師や科学者が集まって研究しています。

パストゥールの研究室と住居だった旧館。

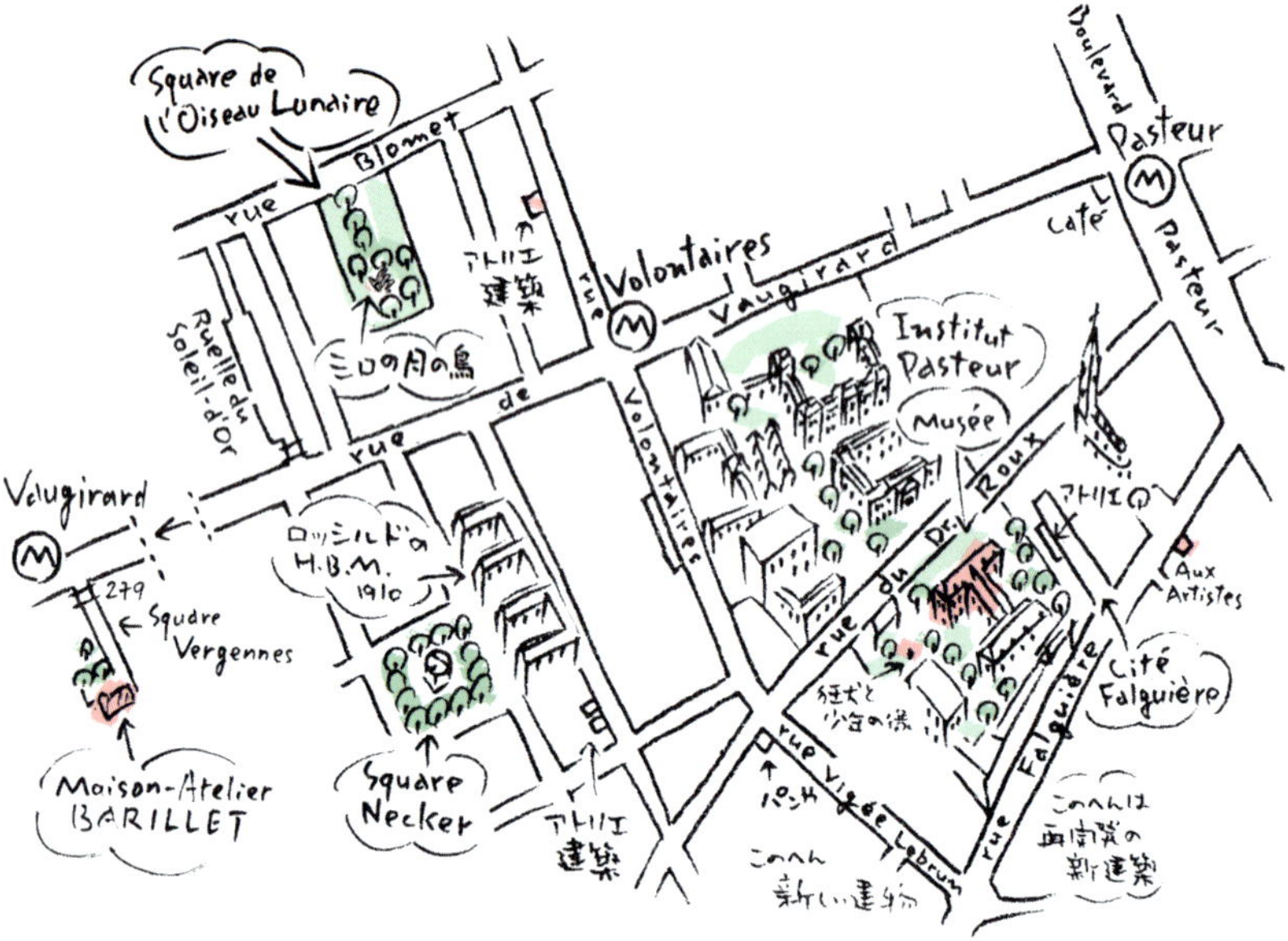

ルー博士通りの、1888年創立以来の建物が「パストゥール博物館」として公開されている。守衛所でもらうワッペンを胸に、カギ束を持ったマダムに案内されての《見学》です。

彼の名からパスチャライズと呼ばれる低温殺菌法や狂犬病ワクチンの発見などの研究に使われた実験用具や顕微鏡、研究ノートなどが並ぶ研究室と、ルイ13世様式や第二帝政様式の家具や装飾で重々しい雰囲気の書斎や居間。少年時代に彼が描いた両親のパステル画も並んでいます。

地下にはパストゥール夫妻の眠る墓所がある。パストゥールの死後に奥さんが作らせたという、ビザンチン様式＋アール・ヌーヴォー(!?)風の金ピカモザイク動植物がドーム天井を飾っている。

通りを隔てた向かい側にも研究所と付属病

パストゥール夫妻の墓所は旧館玄関の真下に位置している。

狂犬病で有名な少年と犬。

院が広がっている。パストゥールの没後100年以上経った現在の撃滅対象は、もちろん癌とSIDA（「エイズ」のフランス式綴り）です。

研究所裏手の「シテ・ファルギエール」には、モジリアニやフジタ、スーチンが住んでいた。今は簡素なアトリエ長屋が1棟だけ残っています。再開発でつぎつぎ変わっていく街で、真っ赤に塗られた定食屋"Aux Artistes"が、芸術家の街の匂いを留めています。

ブラサンス公園の古本市と、「蜂の巣」と。

日本ではあまり知られていないけれど、歌手で詩人のジョルジュ・ブラサンスは、１９８１年の死後もフランスでは最も愛され尊敬されているミュージシャン。メトロの歌手でも『レ・コパン・ダボール』など、彼の曲を上手に歌える人は、お金の集まりが確実に違うのです。

サイン入りブラサンスさんです。

15区のはずれにある「ジョルジュ・ブラサンス公園」の名は、彼が近くのサントス・デュモン通りに住んでいたからです。公園には人工池のほとりの古い時計台を中心に芝生と木立が広がり、小川や岩山、香草園やバラ園、劇場などが配されている。養蜂園や葡萄畑もあって、蜂蜜やワインも作られています。

ここは19世紀から１９７０年代までヴォージラール食肉処理場だったところで、正面入口には立派な牛の像が向かい合っている。このウシ、本来はトロカデロの庭園のために作られたものだけれど、屠殺場入口のシンボルに変更された。時計台も牛や馬のセリのための建物だった。公園東側のブラサンスの胸像の背後に連なる鉄屋根は、馬市場だったところです。

この元馬市で、毎週土・日曜に古本市が開かれています。広いスペースいっぱいに、文学、歴史、美術、科学、絵本、マンガ、新本特価とあらゆる分野の本の山。出店者はそれぞれのプロだから、ちゃんとした本にはそれなりの値段がついていて、ここが特別安いということはないけれど、子どもも老人ものんびりと掘り出し物を探しています。

古本市の横のブランシオン通りには日曜も営業している店が数軒ある。"Aux Trois Horloges"で豪華なクスクスを食べました。

人工池と時計台。

正門の両側に狛犬じゃなく狛牛さん。

毎週土日に開かれる古本市。ここでイジスの写真集を見つけた。

ここはメトロ駅からはちょっと遠いけれど、トラムのブランションが近い。次の停留所ポルト・ド・ヴァンヴでは、土日の朝に蚤の市がが開かれる。午前中は蚤の市、午後には古本市というのも充実しています。

蜂の巣。

公園西の静かな裏道に、"La Ruche"（蜂の巣）があります。ここは、シャガール、スーチン、ザッキン、ブランクーシなど、東欧から来た画家・彫刻家を中心に、レジェやモジリアニなど貧しい芸術家を受け入れた共同アトリエ。アポリネールやマックス・ジャコブなどの作家・詩人もいた。

樹木に隠れるように建つ十二角形の不思議な建物は、1900年のパリ万国博のワイン館を移築したもの。今も世界中から集まった約60人のアーティストたちが住むアトリエです。「蜂の巣」隣の倉庫やガレージ、町工場のある

エッフェルのチームが設計した蜂の巣。下に彫刻家、上には画家のアトリエが並んでいる。

路地は19世紀末そのままの姿。ラ・サイダ通りの外階段がある建物は、1913年に建てられた初期の低家賃公共住宅で、全戸に寝室3つ、トイレ、シャワー付きで週5～6フランの家賃という画期的なものだった。公園の背後に屏風のようにそびえる高層アパートよりも、ずっといい感じです。

100年前の低家賃公共住宅。

気球の下に、セーヌの流れとシトロエン公園。

Parc André Citroën 43

メトロ10号線と交わるRER・C線のジャヴェルの駅舎は、1889年の万国博のときに造られた建物です。ここから対岸の16区オトゥイユに向かってかかっているのが、

ミラボー橋の下をセーヌ河が流れ
　われ等の戀《こい》が流れる
わたしは思い出す
悩みのあとには樂しみが来ると
（堀口大學訳）

という、アポリネールの詩で名高いミラボー橋です。橋のたもとから線路に沿って南へ向かうと、新しい巨大な建物が並んでいる。車はビュンビュン飛ばしているし、線路の向こうのセーヌ岸は建設資材の荷揚げ場で、とてもパリと

これは子どもたちが見たら走り抜けたくなります。

公園の周囲は再開発の新建築が。

小温室は高い通路で結ばれている。

は思えない。でもアポリネールのいうとおり、悩みの後には楽しみが来る。

テレビ局「キャナル・プリュス」の大きな白い建物の先に広がる「アンドレ・シトロエン公園」は、シトロエンの自動車工場跡地に造られた公園です。水の流れに縁取られた広い芝生と、それぞれ違ったテーマを持ついくつかの庭園で構成されたこの公園には、伝統的な公園のつくりとは異質な未来的発想の空間が出来上がっています。

セーヌ沿いだから、水が大切な要素として演出されている。芝生のわきには一段高く運河が造られ、丘の上にある2棟の大温室の間の斜面には、時間で変化するマルチジェット式の噴水が並んでいます。この吹き上げる水の間を、管理人の目をかすめて駆け抜ける子どもたちが嬉しそう。

気球。

芝生の中央から直径約23mの気球が上がっている。この気球、その日のパリの大気汚染の程度によって色が変ります。30人ずつカゴに乗って、150mの高さからパリと南の郊外を眺められる。でも赤い気球には乗らないほうがいいのかも。

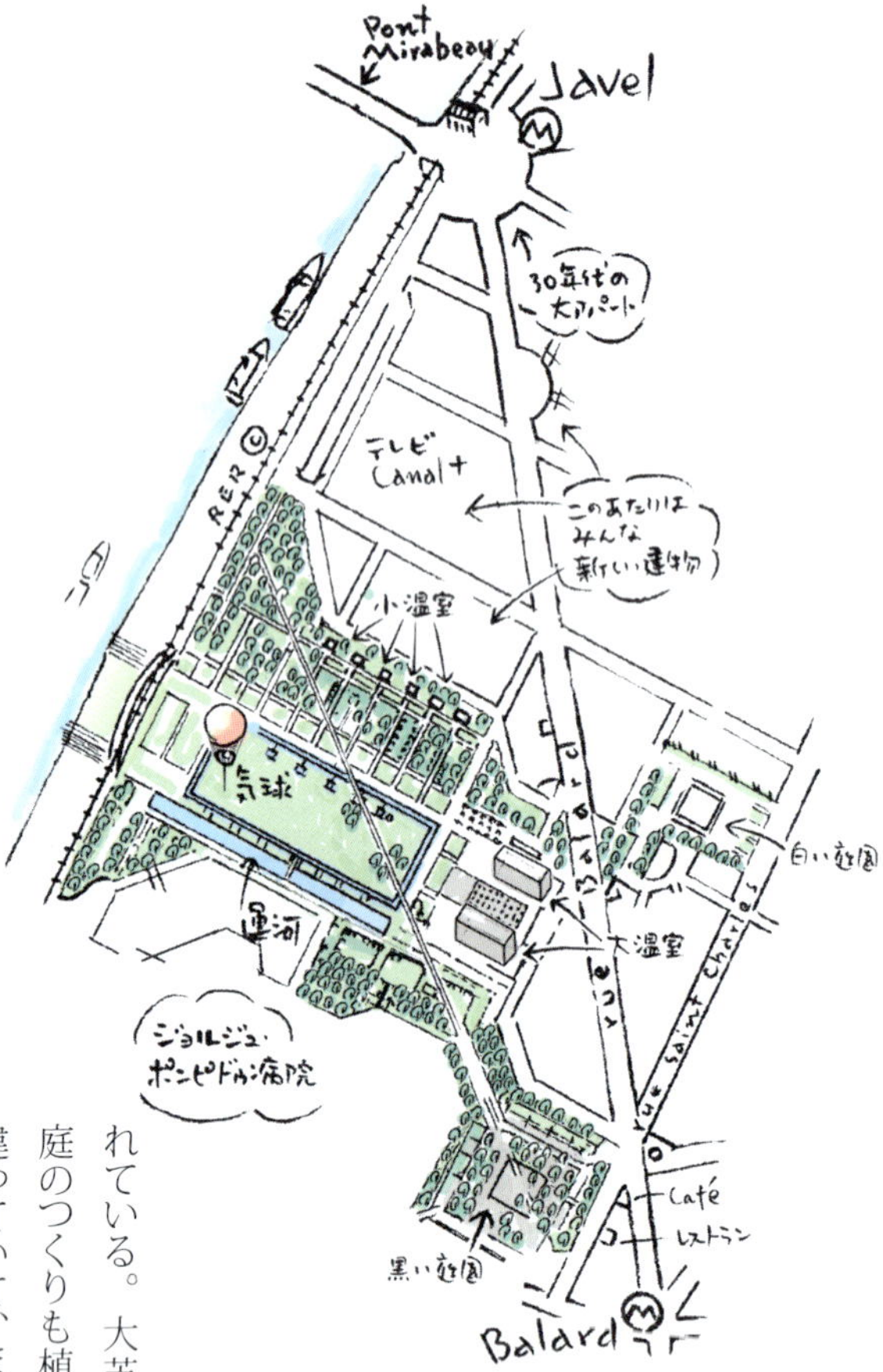

芝生の北側奥には、6つの小さな温室が並んでいます。この温室の前にあるのは、水の流れる通路で長方形に分割された6つの庭園。それぞれ金の庭園、銀の庭園など色の名がつけられている。大芝生側以外の三方を壁に囲まれ、庭のつくりも植えられた木や花の色もそれぞれ違っていて、まるで造園の見本市のようです。

この6つの庭園の西側には、竹林に囲まれた野生の庭。自然のままの原っぱに野の花が咲き乱れ、寝転がって青空を見上げると、ほんとうに遠い田舎の草原にいる気分です。

小温室前のコーナーに入ると、そこは別天地です。

水路で縁取られた芝生から発着する気球。悪天候以外は毎日上がっています。

大芝生を斜めに横切る道に沿ってバラール通り側へ行くと、ジャルダン・ノワール（黒い庭園）とジャルダン・ブラン（白い庭園）がある。中央に小窓のある塀で囲まれた白い庭は、どこか教会の回廊を思わせるスペース。女子学生がひとり、静かに本を読んでいました。

大芝生南の「ジョルジュ・ポンピドゥ病院」は、医療の最先端の設備を備えた病院です。公園の周囲には他にもつぎつぎと新しいビルが建てられているけれど、中にはペラペラな建物も案外多い。ひと休みするカフェやレストランは、昔からある古い建物の店を選ぶ。そのほうがペラペラな料理に当たらない確率が高いからです。

場所によって表情の違うこの公園。気にいったコーナーで、ゆっくりと時を過ごせます。

日も暮れよ　鐘も鳴れ
月日は流れ　わたしは残る

（アポリネール、堀口大學訳）

パッシーとオトゥイユ、山の手の住宅地。

パッシーの丘から、セーヌの「白鳥の散歩道」へ。

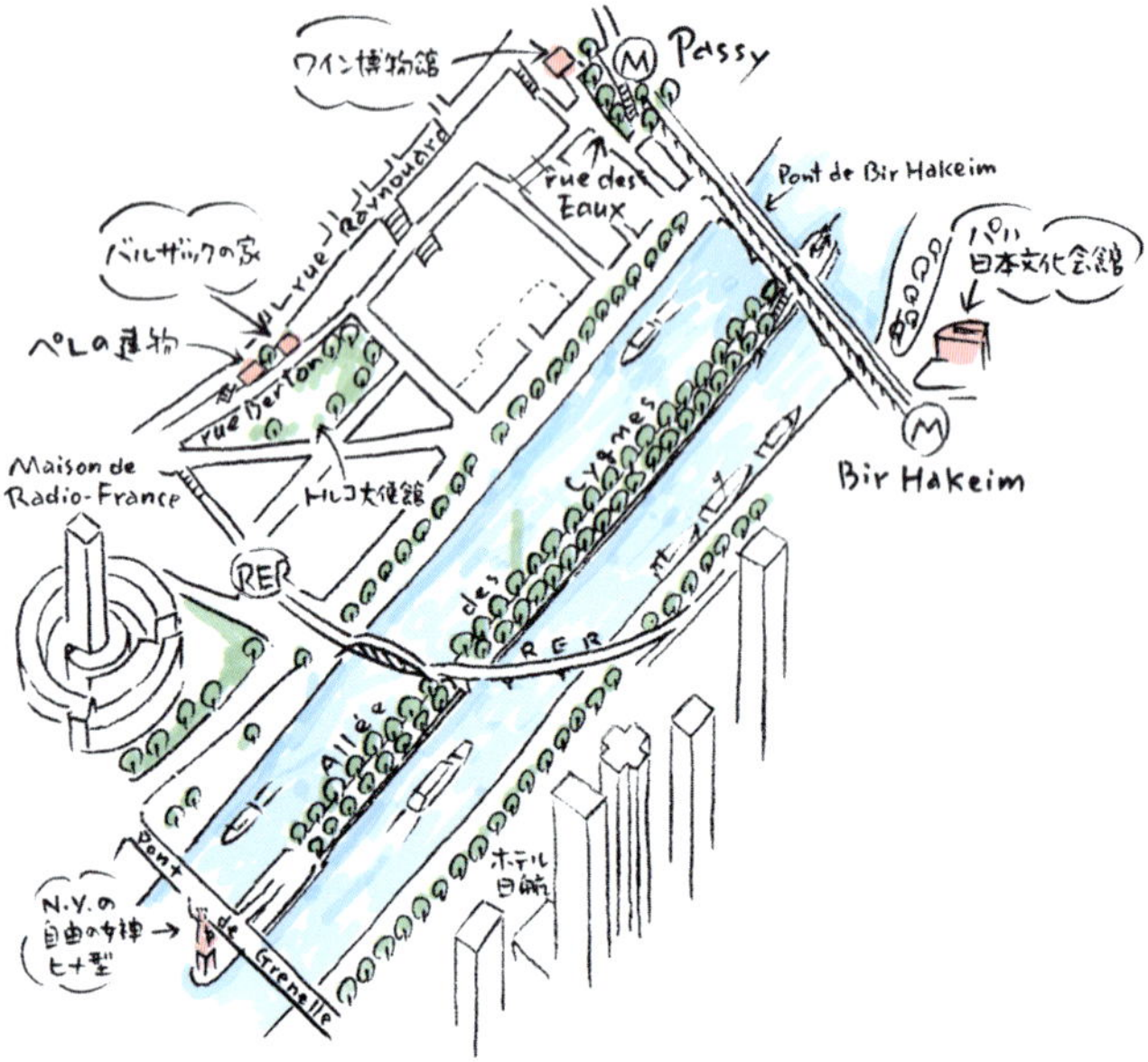

シャルル・ドゴール・エトワール行きのメトロ6号線が、ビル・アケム橋を渡ると、すぐにパッシー駅。丘の中腹にあるこの駅は木立に囲まれ、まるで高原のケーブルカーの駅のように緑に染まっています。

駅のわきの階段をいったん下りてオー通り（水の小径）を上ると、崖の途中に「ワイン博物館」の入り口がある。14世紀以来、修道士たちがワインを置くのに使っていた洞窟です。蝋人形を使ったやや不気味な展示よりも、入り口わきのカーヴでワインの試飲や昼食ができるのが魅力的。ロワールあたりの洞窟のワイン蔵レストランという雰囲気です。

いい気持ちになって、脇の崖下の建物の間から細い路地の旧階段を上り、レヌアール通りへ出ると、すぐ「バルザックの家」がある。借金取りから逃げるため、バルザックが偽名で住んでいた家をミュゼにしたもの。なるほど通りから一段下がった目立たないつくりで、崖下のベルトン通りにも出口があった。地下室は今のワイン博物館のトンネルにも通じていたらしい。仕事机や手書き原稿、コーヒー好きだった彼の愛用のコーヒー沸かしなどが展示されています。

バルザックの家の庭の隣に、1932年にペレ兄弟が造った集合住宅がそびえている。ペレの建築事務所と住居だった建物です。

ペレの建物の先の階段をベルトン通りに下りる。バルザックの家の真下から、狭いところは幅1m半しかない細道を抜け、セーヌ河岸に出ます。

バルザックの書斎。彼はここに1840〜47年に住んでいた。

コンクリート建築の先駆ペレ兄弟の建物。

ベルトン通りの細道。

ビル・アケム橋。メトロの高架下が歩道です。

ビル・アケム橋は、メトロの高架を載せた2階建ての橋。映画『ラストタンゴ・イン・パリ』のファーストシーンでも知られている。橋の中ほどにある階段から、セーヌの中洲アレ・デ・シーニュ「白鳥の散歩道」へと下りてみる。

輝く水面と自由の女神。

セーヌの流れの中に、まっすぐ伸びた並木道があるだけの細長い島。いま歩いてきたオー通りのあたりは緑の中のドーム屋根が印象的だし、左岸の船着き場の向こうには高層ビル群のシルエット。エッフェル塔をバックにビル・アケム橋を渡っていくメトロも、なぜかのんびりと見えます。

キラキラ光る水面を行き交うペニッシュ（川船）や遊覧船。犬を散歩させる人も、腕を組んだ老夫婦も、ベンチの2人も、この全長850mの別天地を楽しんでいます。

島の南端に立つ『自由の女神』は、フランスが贈ったNYの像への返礼として、在仏アメリカ人の寄付で造られたもの。高さは11m50。リュクサンブール庭園とアールゼ・メチエには、バルトルディ作のもっと小さな原型像があります。

ビル・アケム駅からエッフェル塔に向かうセーヌ河岸に、「パリ日本文化会館」がある。大小のホールと展示場や図書室などを備えた本格的なもの。伝統文化だけでなく、現代アートや演劇、音楽、料理なども取り上げて好評です。

15区の高層ビル群を背にした白鳥の散歩道。

幅が11メートルの細長い島です。

島の南端の『自由の女神』の分身さん。

エッフェル塔正面の芸術の丘、トロカデロ。

パレ・ド・トーキョー。中央の柱廊がきれい。

アルマ橋からトロカデロの丘へ上るアヴニュー・デュ・プレジダン・ウィルソンは、落ち着いた集合住宅の並ぶ坂道です。水曜、土曜には、大きな並木の緑地帯で朝市が開かれる。

ふたつの棟が柱廊で結ばれた「パレ・ド・トーキョー」は、1937年のパリ万国博の会場として建てられた。セーヌを見下ろすテラスはブールデルの『フランス』などで飾られています。

セーヌ対岸の「ケ・ブランリ美術館」との間を歩道橋が結んでいます。

西翼の「パレ・ド・トーキョー」は現代美術の企画展示場。東翼は「パリ市近代美術館」。ピカソやブラック、ボナール、フジタ、シャガール、ピカビアなどの名品が揃っていて、20世紀美術の流れをゆっくり鑑賞できます。ドローネーの『リズム』、マチスの『ダンス』などの大壁画もある。

デュフィの『電気の妖精』は、37年万国博の電気館を飾った世界最大の絵。この絵だけの展

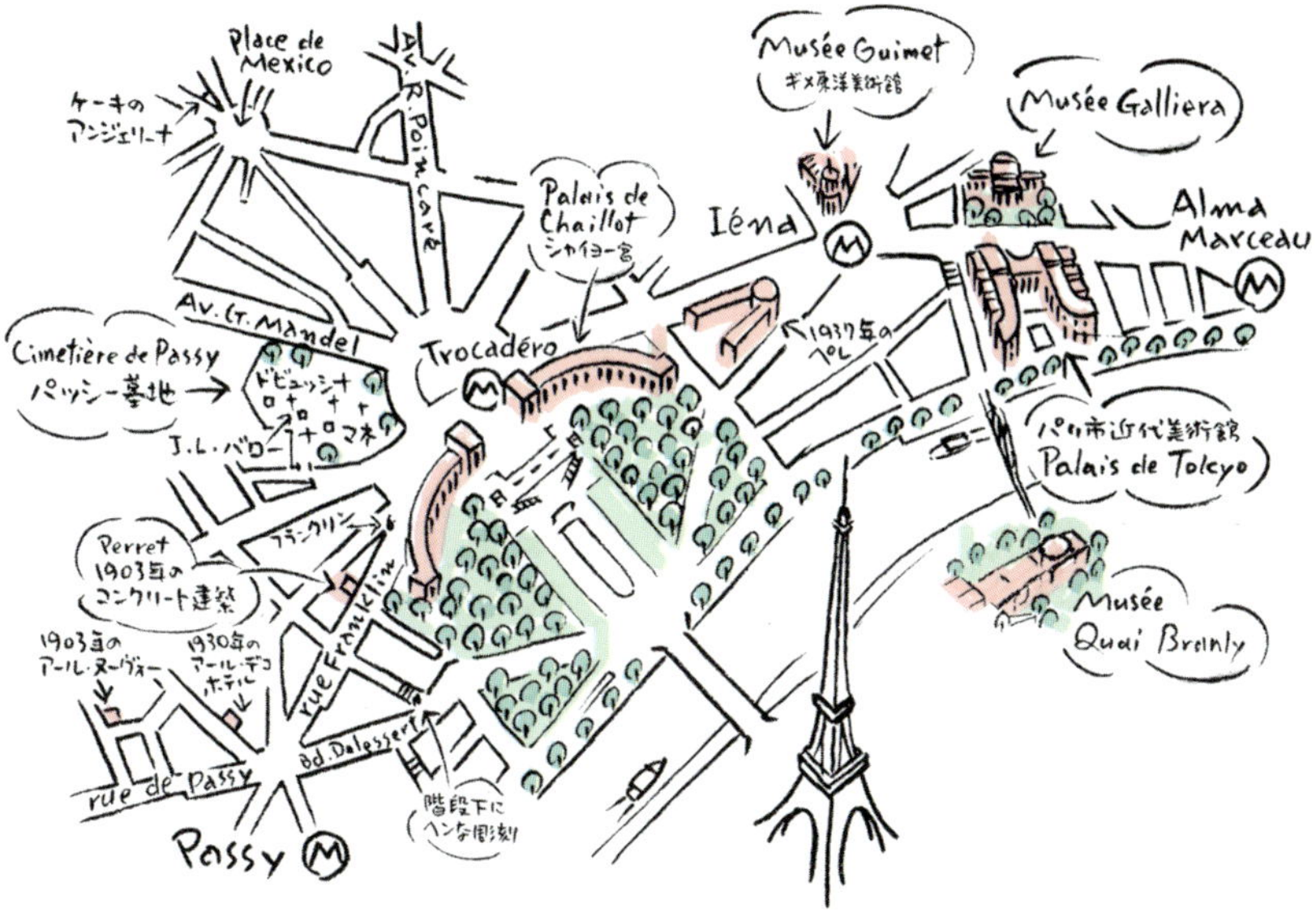

『電気の妖精』は、高さ10m、長さ60m。馬蹄形大画面。

示室の床から天井までいっぱいに広がる色彩の洪水。三々五々ポーズをとっているのは、陽気な顔のアルキメデスからファラデーにオームと、理科の教科書でおなじみの人々。電気の発達に貢献した科学者109人とその成果がデュフィ独特の軽やかなタッチで描かれている。もちろんまだ原発は出て来ない。幸せな絵です。

ルネサンス風の館「ガリエラ美術館」は、18世紀以降のモードのミュゼ。オート・クチュールの粋を集めた展覧会が開かれます。

イエナ広場の「ギメ東洋美術館」は、中近東から東のアジア美術を展示。とりわけクメールの彫像が充実している。平安時代後期の聖観音菩薩像や浮世絵など日本の名品も見られます。

シャイヨー宮のミュゼとパッシー墓地。

シャイヨー宮のテラスはエッフェル塔を正面に見る観光名所。ところが、シャイヨー宮のミュゼには観光客の姿がほとんど見当たりません。

扇型のふたつの建物は、パレ・ド・トーキョーと同じ37年の万国博の展示館だった。

東翼の「建築・文化遺産センター」には、中世の彫刻、壁画の原寸大複製が展示されている。大半が19世紀に現地の建物や彫像から直接型取りしたもの。モワサックやヴェズレーなど、ロマネスクやゴシック聖堂の扉口をそのまま真近に見ることができる。階上の建築コーナーには、ル・コルビュジエの代表作、マルセイユ

ロマネスク彫刻の名作ヴェズレー大聖堂中央扉口です。

外からも見られる住戸ユニット。

ユニテ・ダビタシオンの室内。

の『ユニテ・ダビタシオン』のユニット住宅がひとつ置かれていて、室内も体験できます。

西翼には、造船と航海術の「海洋博物館」、それに「人類博物館」がある。人類博物館は、民俗資料の大半が「ケ・ブランリ美術館」に移された後、新しい人間学のミュゼとして、2014年に再生します。

いかにも30年代アール・デコスタイルの入り口から入る「パッシー墓地」には、マネとベルト・モリゾ、ドビュッシー、『天井桟敷の人々』の名優ジャン・ルイ・バローなどが眠っています。この墓地は政治家やお金持ちの人たちが多く、墓石もやたらに凝ったものが多い。透明ケースに収められた、白大理石製のミケランジェロ作『ピエタ』が載っかっている墓には、オソレいりました。

ラ・フォンテーヌはギマール通り。

オートゥイユのギマール散歩①

ワラビのような曲線の支柱の先端に、赤い蕾のような照明が灯るメトロの出入り口は、ベル・エポックのパリの匂いを漂わせています。16区オトゥイユ地区には、1900年に開通したこのメトロの駅を設計した建築家エクトール・ギマールの建物16棟が集中して残されている。

19世紀から20世紀初めの産業と経済の発展の波に乗って、オトゥイユにはたくさんの住宅が建設されます。今の高級住宅地16区は、この時代の建物が元になっている。《新しい芸術》を意味するアール・ヌーヴォーの建築は、新興ブルジョワ階級の人たちにとって、旧世代の古典的な美意識に代わるものとして受け入れられたのでしょう。

ジャン・ド・ラ・フォンテーヌ通り14番地の「カステル・ベランジェ」は、ギマール初期の名作です。完成は1898年、31歳のとき。外観は地味な印象だけれど、近寄って見ると、あらゆる部分が奇妙な装飾であふれている。茶色の石とレンガ、鉄などさまざまな素材で造られた複雑な外壁にも、横道からのぞく中庭のあちこちにも、タツノオトシゴや爬虫類、怪獣など不思議な生き物が隠れています。

有名な入り口の鉄扉を眺めていたら、住人らしい女性が、「よかったらどうぞ」と入れてくれ、そのまま奥の扉の向こうに消えてしまった。天井にはツタのような模様、壁は波打つような陶

細部がおもしろいカステル・ベランジェ。

カステル・ベランジェの扉と怪獣の足のような柱。

玄関ホールも複雑な表情を持つ。

板で覆われている。裏庭からの光に浮かぶステンドグラスや、床のタイルの植物模様が鮮やかです。

すぐ先の交差点に建つ集合住宅群もギマールの設計したもの。この角の小さなカフェの内装には、建築当時の面影が残っている。

カフェ・アントワーヌ。

同じ通りの「メッツアーラ邸」は、学生寮に使われている。ときどき展覧会が開かれ、ギマールの内装を見学できることがある。ステンドグラスのある吹き抜けの大サロン、庭に面した食堂などが、1911年の当時のまま保全されている。

メッツァーラ邸。奥にきれいな裏庭がある。

鉄柵も番地の60も、もちろんギマール。

ソヴァージュが設計したタイル貼りの大きなアトリエ住宅を見て、菩提樹の並木道モザール（モーツァルトのこと）大通りへ出ます。

ギマール夫妻の家。

　狭い三角地に建つ「ギマール邸」は、画家のアデリーヌと結婚したギマールが、自分たちのために設計したアトリエ住宅。完成は１９１２年。地上階にギマールの、上階には夫人のアトリエがあり、中間の2層に楕円形の居間や台所などの生活空間があった。内装も家具もすべてギマールがデザインしているけれど、家具類はほとんどが流出してしまった。１９３８年までここに暮らしたギマールは、ユダヤ系だった夫人と、ナチスの迫害を逃れてニューヨークに渡り、この家に戻ることなく42年に死んでしまう。

ギマール自邸は彼の最高傑作と言われる。

アンリ・ソヴァージュ設計のアトリエ集合住宅。

　ひっそりしたスクワール・ジャスマンの小さな集合住宅は、アール・ヌーヴォーの時代がとっくに過ぎ去った20年代初期のブロック建築です。

　有機的な曲線を多用したギマール建築は、自由気ままに見える。ところがギマールは、早くから建築部材の規格化、ユニット化に取り組んでいた。メトロの駅の不思議なカタチも、すべて規格化されたプレファブ製品で構成されています。

屋敷街のアール・ヌーヴォー。

オトゥイユのギマール散歩②

ミケランジュ（ミケランジェロのこと）・オトゥイユ駅のあるジャン・ロラン広場は、オトゥイユ地区の中心地です。プラタナスが枝を広げる三角形の広場から、ラヴェルやデュマ、サラ・ベルナールらが住んだというボワロー通りへ入る。

この落ち着いた住宅街の一角に、24才のギマールが設計した「ロッツェ邸」があります。一見ごくふつうの家だけれど、段差のついた窓の配置などに、ギマールらしさが見られる。

この家の横の立派な鉄格子の門を持つ「アモー・ボワロー」は、緑につつまれたお屋敷街。オトゥイユにはこういう、庭付きの一軒家が集まる公園のような住宅街が多い。"Propriété Privée" つまり私有地という看板があって、住民以外は立ち入り禁止です。

メトロのシャルドン・ラガシュ駅の入り口も、ギマールのもの。ギマールのサインが入った白地に緑文字の"METROPOLITAIN"という看板が、静かな住宅街の街角にアール・ヌーヴォーの匂いを放っています。この駅の横にもギマール初期の「デルフォー邸」がある。

シャルドン・ラガシュ通りの「ジャスデ邸」も初期のギマール作品。石、レンガ、木、瓦、タイルと違う素材を組み合わせた、表情豊かで落ち着いたつくりの家です。ギマールはこの家を完成させた後、ブリュッセルに行き、オルタなどのベルギーのアール・ヌーヴォーに強いショックを受けて帰ります。そして「カステル・ベラ

ジャスデ邸は26才のギマールが設計。地味な印象だけれど細部に凝ったつくり。

まだヌーヴォーしていないジャスデ邸の番地。

異素材の組み合わせにギマールらしさが見える。

ンジェ」以降の、ギマールのアール・ヌーヴォー・スタイルが出来上がったのです。
　ジャスデ邸を裏側からも見たくて「ヴィラ・ド・ラ・レユニオン」に入ろうとしたら、たちまち管理人が飛んできた。写真を撮らせて欲しいと頼んでも「ダメ！」とニべもない。あきらめます。

ヴェルサイユ大通りの「ジャスデ集合住宅」は、階ごとに形の違う窓や鉄の手すりなど、どの部分も紛れもないギマール様式。屋根裏部屋の出窓のひさしがコートのフードのように突き出している。

大砲みたいなV字形鉄柱。

やたらに広いエグゼルマンス大通りに面して、彫刻家カルポーの夫人のために建てられたアトリエがある。カルポーはオペラ座正面を飾る彫刻『ダンス』で知られる19世紀半ばの代表的彫刻家です。大きな窓の両側の壁にカルポーの作品があるけれど、これはまるでシンプルな建物です。

このカルポーや作曲家グノーが眠る「オトゥイユ墓地」のあたりは、オトゥイユとはいっても、ずいぶん庶民的な地区です。

「ヴィラ・ミュルーズ」には、こぢんまりとした一軒家が並んでいる。庶民的な家に囲まれた学校建築「エコール・デュ・サクレ・クール」も、初期のギマール建築です。前庭の向こうに大砲のような奇妙な柱がみえる。このV字形の柱は、19世紀にノートル・ダム大聖堂をはじめフランス全国の教会や城の修復をした中世研究の権威、ヴィオレ・ル・デュクのアイデアを実現したもの。

この不思議な建物は前衛建築家ギマールの、そして世紀末アール・ヌーヴォー建築の実験的な精神の表れなのです。

ジャスデ集合住宅。

玄関のギマール数字。

不思議な鉄製V字形柱。

外壁にはカルポーの彫刻。

シンプルなカルポー邸。

建築の未来を信じていた、20年代のル・コルビュジエ。

ラ・ロシュ邸の案内板です。

細い柱で支えられたピロティ。

ル・コルビュジエの絵。

19世紀半ばにパリ市に編入されてから住宅地として急速に開発されたオトゥイユとパッシー地区には、第一次世界大戦後の1920年代にもたくさんの住宅が建てられました。

ジャスマン駅から坂道を上り、ドクトゥール・ブランシュ通りに出る。この通り南の路地スクワール・デュ・ドクトゥール・ブランシュに建つ、ル・コルビュジエが設計したL字型の真っ白な家「ラ・ロシュ邸」が公開されています。

ル・コルビュジエが、音楽家の兄アルベール・ジャンヌレと友人の銀行家ラ・ロシュのために設計した2棟の連続した建物のうち、「ジャン

ピロティ上の明るいギャラリー。室内は2009年の修復で建設当時の色彩に復元されている。

ヌレ邸」のほうはル・コルビュジエ財団の資料室、奥の「ラ・ロシュ邸」が一般公開されている。

ピロティのわきの小さな黒い鉄扉のブザーを押して、吹き抜けのホールに入る。3階建ての家はこのホールを中心に右が生活スペース、左はラ・ロシュの美術コレクションを展示する公共の空間として設計されている。このふたつを結ぶ渡り廊下や階段が、シンプルな箱形の空間に変化を与えています。ピロティの上の広いギャラリーは、壁の曲面に沿ったスロープで2階(日本では3階)と結ばれている。

ル・コルビュジエは、この家を設計する前年の1922年に《近代建築の5原則》を発表しています。この家には《ピロティ、屋上庭園、自由な平面、帯状の窓、自由なファサード》という5つのポイントのすべてが実現されているのです。

幾何学的で合理的な美を理想とする純粋主義を唱え、機関誌『エスプリ・ヌーヴォー』を発行して、新しい時代の造形への意欲にあふれていた35才のル・コルビュジエの、純粋な精神が気持ちのいい空間から素直に伝わってくる。

彼のデザインした作り付けの家具と椅子、絵や彫刻作品も展示されています。

マレ・ステヴァンス。

ドクトゥール・ブランシュ通りを北に進むと、「マレ・ステヴァンス通り」という袋小路がある。この通りに並ぶ5棟のアトリエ住宅を設計した建築家の名を付けたもの。いちばん手前の集合住宅に、彼自身のアトリエと住居があった。

マレ・ステヴァンス通り。

直方体や円柱などの幾何学形態を組み合わせた、シンプルだけれど、細部まで神経が行きとどいた1927年のアール・デコ建築群です。

表情豊かな窓ガラスとステンドグラスはガラス作家バリエ、扉の鉄細工はジャン・プルーヴェ。年とともに国際的に偉くなっていったル・コルビュジエとは対照的に、常にシックなモダニストとして過ごしたロベール・マレ・ステヴァンスは、マルセル・レルビエ監督の映画『人でなしの女』など、映画や舞台の前衛的な装置やブティックの内装も手がけ、建築は友人たちのための個人住宅と別荘、何棟かの集合住宅しか造らなかった。

この辺りに並ぶ古典的で豪壮な建物の中で、若々しい信念にあふれた2人の建築家の20年代建築がとても新鮮です。それに比べて、やはりこの辺りに多い、近年建てられた大型の《高級》アパートがなぜか貧しく見えてしまいます。

現在の持ち主がときどきマレ・ステヴァンスのアトリエの一部を公開している。

円筒形の階段塔の背後は後年の増築だという。

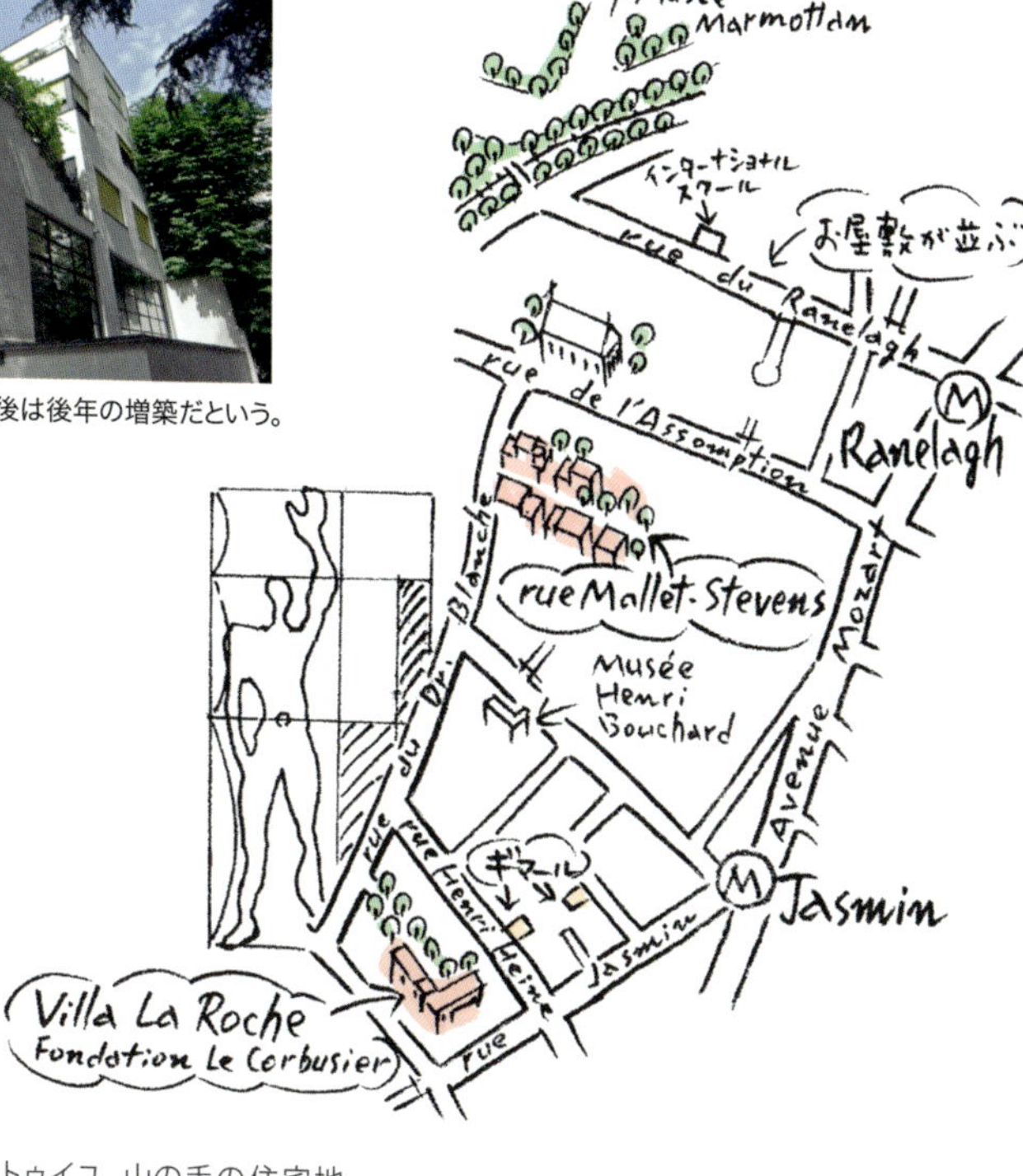

ギマールの地下鉄入り口は、翅を休める昆虫のよう。

凱旋門のあるエトワール広場（正式にはシャルル・ド・ゴール広場だけれど、みんな昔からこの名で呼んでいる）からは、街路樹のある12本の大通りが放射状に伸びています。

その中でも道幅が120mもあるフォッシュ大通りは、道の両側に公園のような緑地帯があって、世界でいちばん美しい通りといわれている。19世紀後半に建てられた大邸宅や高級アパルトマンが並ぶこの通りは、ポルト・ドーフィーヌからブーローニュの森へ通じています。

メトロ2号線の終点ポルト・ドーフィーヌで降りて、前の方右側の出口へ向かいます。地上へ上る階段を、ガラス屋根のついた小さな建物が囲んでいる。

ギマールのメトロ出入り口は現在市内88の駅で見られるけれど、ほとんどが階段を鋳鉄製の柵で囲んだオープンタイプで、バスティーユなどにあった大型の駅舎はすべて取り壊されてしまった。アベス駅とシャトレ駅にもガラス屋根付きのタイプがあるけれど、壁パネルのあるものはここだけです。

規格化された壁面パネル。

優雅な出入り口。ガラス屋根中心部が魚の骨のように見える。

階段を包むように、タツノオトシゴか蔦のような模様入りの柿色のパネルが並び、くもりガラス屋根からは、やわらかな光が射しこんでいる。ホタテ貝のようなガラスのひさしを、しなやかな曲線のアーチが支え、"METROPOLITAIN"という看板の隅に小さくギマールの名が入っています。通りの南側の出入り口に比べ利用者も少ないこの出入り口は、マロニエの根元でひっそりと翅《はね》を休める昆虫のように見えます。

いつか飛んでいってしまうかも。

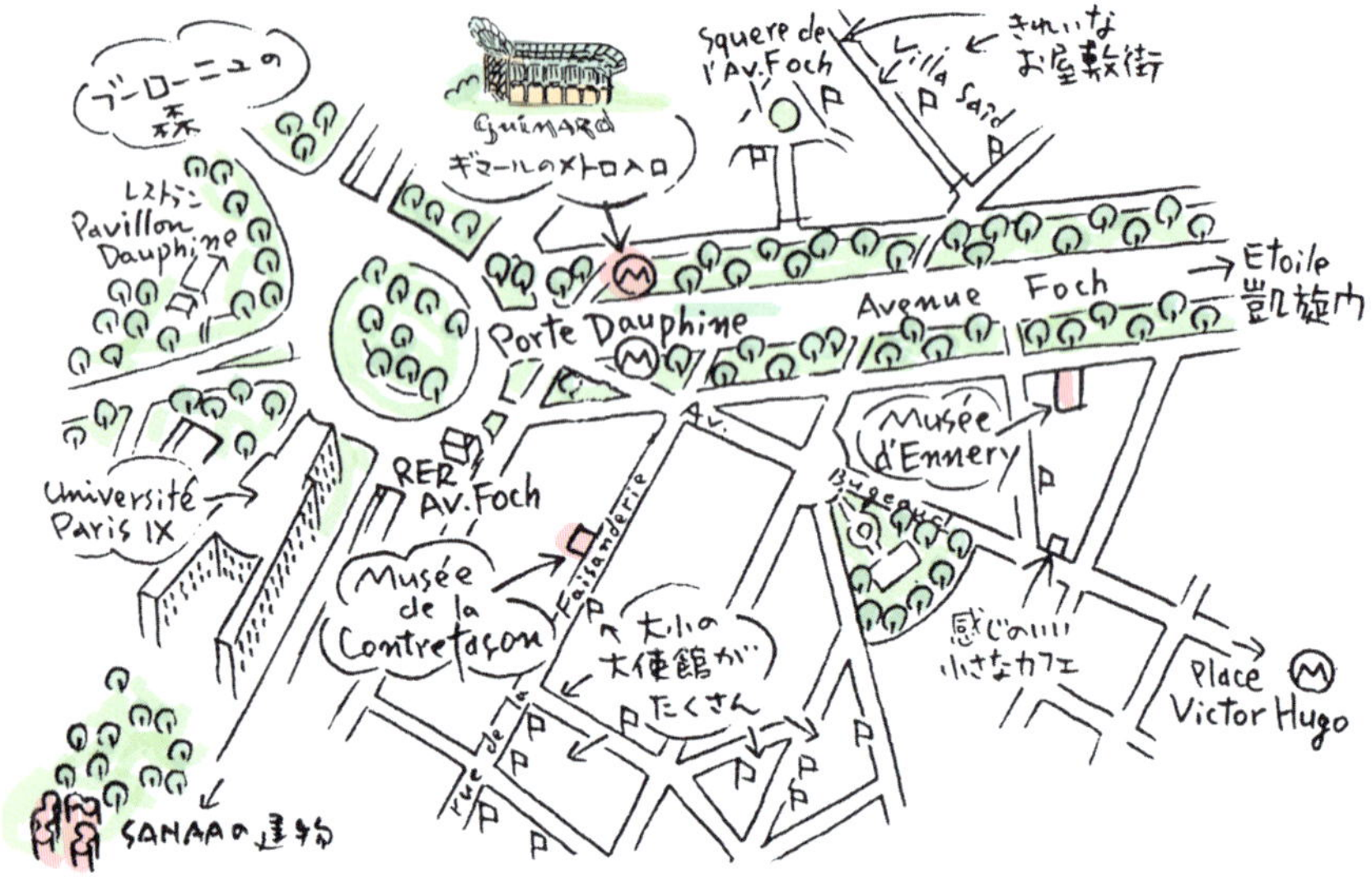

フォッシュ大通りは道路というより公園です。

実際よりも近くに見える凱旋門を背に広い通りを渡り、広大なブーローニュの森へ。森の手前に、パリ第9大学(ドーフィーヌ)の校舎がある。ここから森の道を南へ700mほど行くと、水鳥とボートの浮かぶ池畔へ出られます。

ニセモノ博物館。

ギマールではないほうの駅の南、フザンドリ通りの、ユニオン・デ・ファブリカン(製造業者組合)の持つ古い館の中に、あらゆるものの模

スリランカ大使館です。

パリ第9大学ドーフィーヌ。

造品を集めた「コントルファソン（贋造物）博物館」という、小さなミュゼがあります。

おなじみヴィトン、ロレックス、ナイキのニセモノはもちろんだけれど、ブランデー、ウイスキー、シャンパン、ワインなど高級ブランドの酒のニセモノ、マネモノがあまりに多いのにあきれます。ラム酒の"NEGRITA"が、NEGRITANA, NEGRINA, NEGRESA, NEGRISCA……、ホンモノのネグリタが恥ずかしくなりそうなソックリさんたち。ホンモノもあるから、違いを見つけるのも楽しい。もちろんここは、そういうニセモノを駆逐するのが目的なのですが。

東京でいえば麻布か代々木上原あたりのようなこの地域。由緒ある屋敷からアパルトマンの一部を借りているところまで、いろんな国の大使館がやたらにたくさんあって、いろんな国旗が立っています。

ブーローニュの森のユートピア、バガテル公園。

パリの西側に広がるブーローニュの森はやたらに広くて、遊園地やロンシャン競馬場があり、南隣には全仏オープン・テニスの会場ロラン・ギャロスもある。北にヌイイ、南はブーローニュ・ビヤンクール、そして16区と屋敷街に囲まれ、森のレストランも高級店ばかり。

でも森を抜ける道は車の通行が激しく、夜はかなりイカガワシイという評判もあって、なかなか足が向かないでいた。

でも初夏のよく晴れた朝、バラ園で知られる「バガテル公園」に出かけてみました。

メトロ1号線のポン・ド・ヌイイから43番のバスに乗り、お屋敷の並ぶヌイイの街を抜け、バガテル広場で下車。森の西北隅の入り口から、バガテル公園の塀に沿って南へ歩きます。道の西側の、セーヌ沿いの広っぱは、凧揚げの名所。ノルマンディ海岸のディエップで開かれる世界凧揚げ選手権を目指す本格的な凧揚げプレーヤーたちが技を競っている。フランスでは珍しい草野球場もある。阪神タイガースの吉田義男元監督が指揮していたフランス代表チームもここで練習しています。

「バガテル公園」は、森を巡る小径のあちこちに小さな城館や池、広い芝生、いろんな種類の花園がバランスよく配置された、まるで造園術百科のような庭園です。森と池を巡る散歩道、そして池の畔の人工の岩山と洞窟は、イギリス式の回遊庭園。18世紀末の城館の前に広がる花壇は、もちろんフランス式の幾何学庭園です。ルイ16世の弟アルトワ伯が建てた城館には、18世紀の貴族趣味の室内が再現されている。公園中央の池の周囲は日本庭園だという。でも自然っぽくてあまり日本庭園という感じはしません。入り口近くの英国風の田舎家は、庭師の家と木陰のレストランです。

薔薇と孔雀と白鳥と。

5月中旬から9月まで、9千本のバラが次々に咲き競うバラ園は、周囲を深い木立にすっぽり囲まれています。円錐形や球形、長方形の植え込みで区切られた幾何学的な空間に、さ

めるへんですねー。

刈り込まれた木とバラの支柱で、010。

ちょっと待って……。

やはり、めるへんですねー。

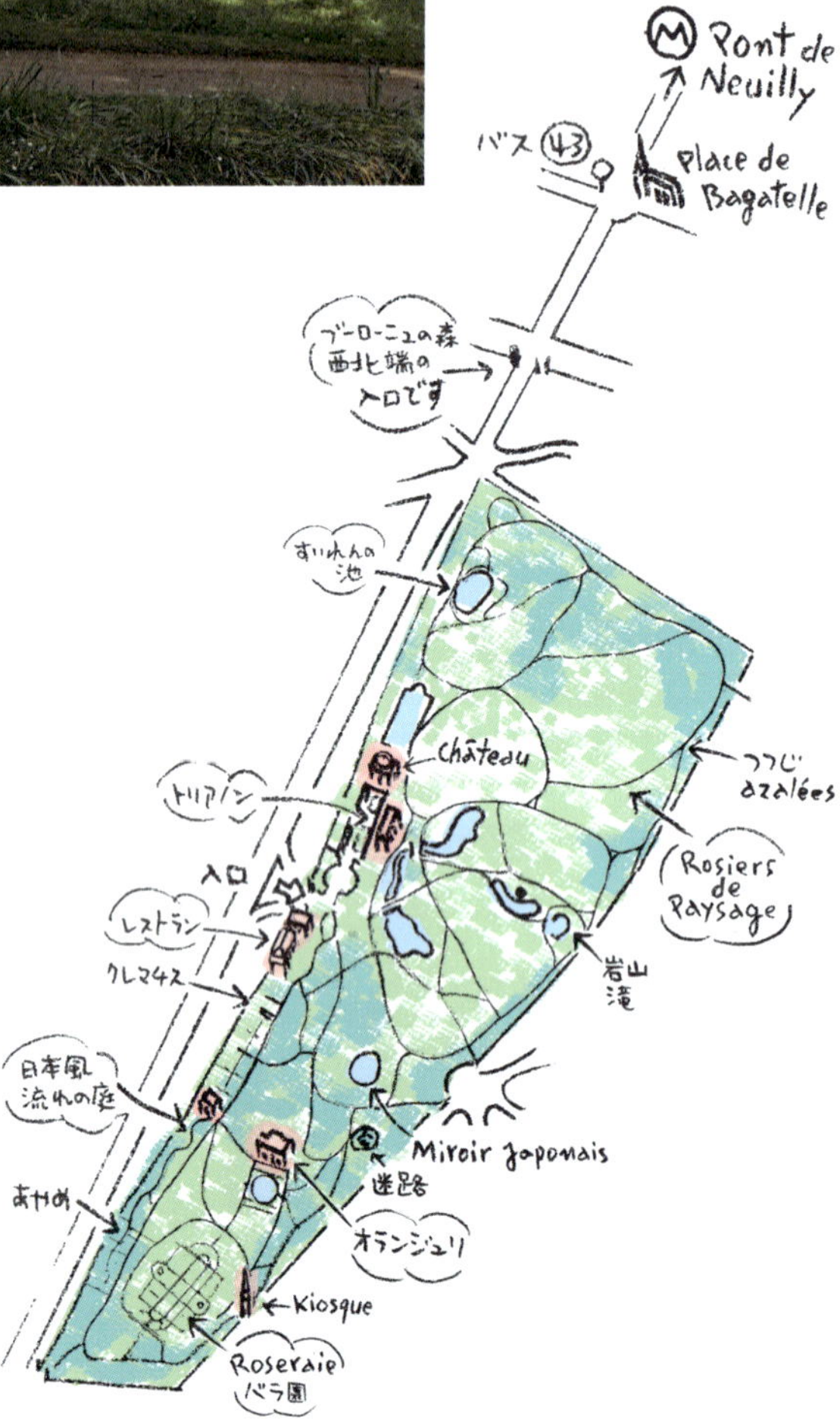

まざまに仕立てられたバラが行儀よく並んでいる。綱に絡んだ白バラが風に揺られて優雅に香ります。

1907年以来、ここで開かれている国際新種コンクールの受賞作には、『ロミー・シュナイダー』

だの『NOZOMI』だのというバラエティ豊かな名前が付けられている。バラ園を見下ろす高台のあずまや「皇后のキオスク」からは、セーヌ対岸のサン・クルーの緑の丘も望めます。

バガテルはバラだけでなく、早春にはクロッカスや水仙、5月のアヤメに藤の花、そして、ツツジ、シャクナゲ、コスモス、ダリアと、どの季節も園内に花が絶えることはないという。

夏には睡蓮が花盛りになる池にカモや白鳥が浮かび、木陰でリスが覗いています。ここの孔雀は目立ちたがりで、人が通ると羽を広げてみせる。

オランジュリやトリアノンでは、美術展や音楽会も開かれます。トリアノンの売店に並ぶ食器やスカーフ、アクセサリーは、とにかく、バラ、ばら、薔薇づくしでした。

いずれあやめかかきつばた。

香りもいろいろ。

バラ園の向こうにオランジュリ。

51

● モンマルトルの丘の麓。

印象派の街、バティニョールとクリシー大通り。

鴨やアヒルが遊ぶバティニョール公園の池の周りは近所の老人たちの社交場。もう少し元気なおじさんたちは公園の隅にあるペタンク場でボール投げに熱中し、回転木馬や砂場の周りには小さな子どもとお母さんたちが集まっています。

公園東側のテラスからは、サン・ラザール駅に出入りするノルマンディ方面を結ぶ列車と郊外

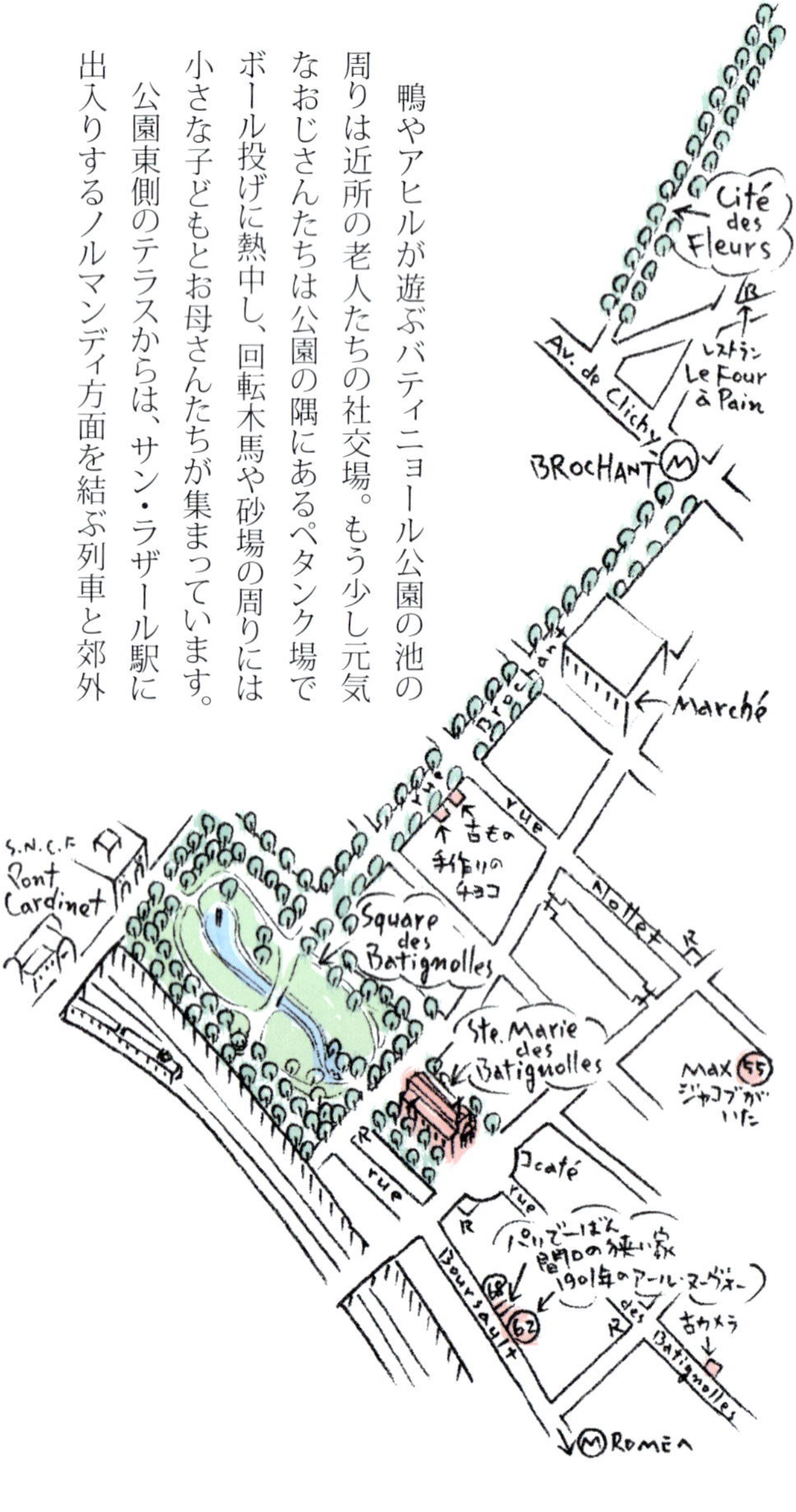

電車を見下ろせる。人工の滝から流れる小川と池をめぐる典型的な英国式の庭園は、19世紀オスマンのパリ改造で造られた公園のひとつです。

公園の隣にシンプルな古典様式の教会がある。映画にもなった短編『聖なる酔っぱらいの伝説』は、自身もアル中でパリの街頭に死んだという放浪のユダヤ人作家、ヨーゼフ・ロートの自伝的な作品。見知らぬ紳士に借りた200フランを教会の司祭に返す約束をした主人公が、奇妙な体験を重ねた末に教会前のバーで倒れ、運び込まれた教会で息を引き取る幻想的な話。この教会がサント・マリ・デ・バティニョールです。

バティニョール通りのつき当たりに建つこの小さな教会のあたりには、いつも穏やかな空気が流れています。教会と公園の周りでは年に数回、骨董市が開かれる。都心で開かれる市よりも大規模で、掘り出し物の可能性も大。

ブルソー通りのアール・ヌーヴォーの建物にはさまれた小さな一軒家は、パリでいちばん間口の狭い家という。17区西側の高級住宅地と東側の庶民的な区域との間のこのバティニョール

バティニョール公園のベンチは老人の集会場。

バティニョールの教会横の穏やかな空間。

パリでいちばん間口の狭い家です。

地区には、昔ながらのパン屋や肉屋、卵とバターの店、古カメラ屋、骨董店、古びたカフェや定食屋があちこちに残っている。

印象派の生まれた街。

「シテ・デ・フルール」は、３００ｍほどの道の両側に、緑につつまれた一軒家が並ぶ住宅街。いろんな肌色の人たちが行き交う表通りの喧噪がウソのような静けさ。どの家も前庭にはかならず果樹が植えられている。27番地にはイギリスからやって来たシスレーが住んでいました。

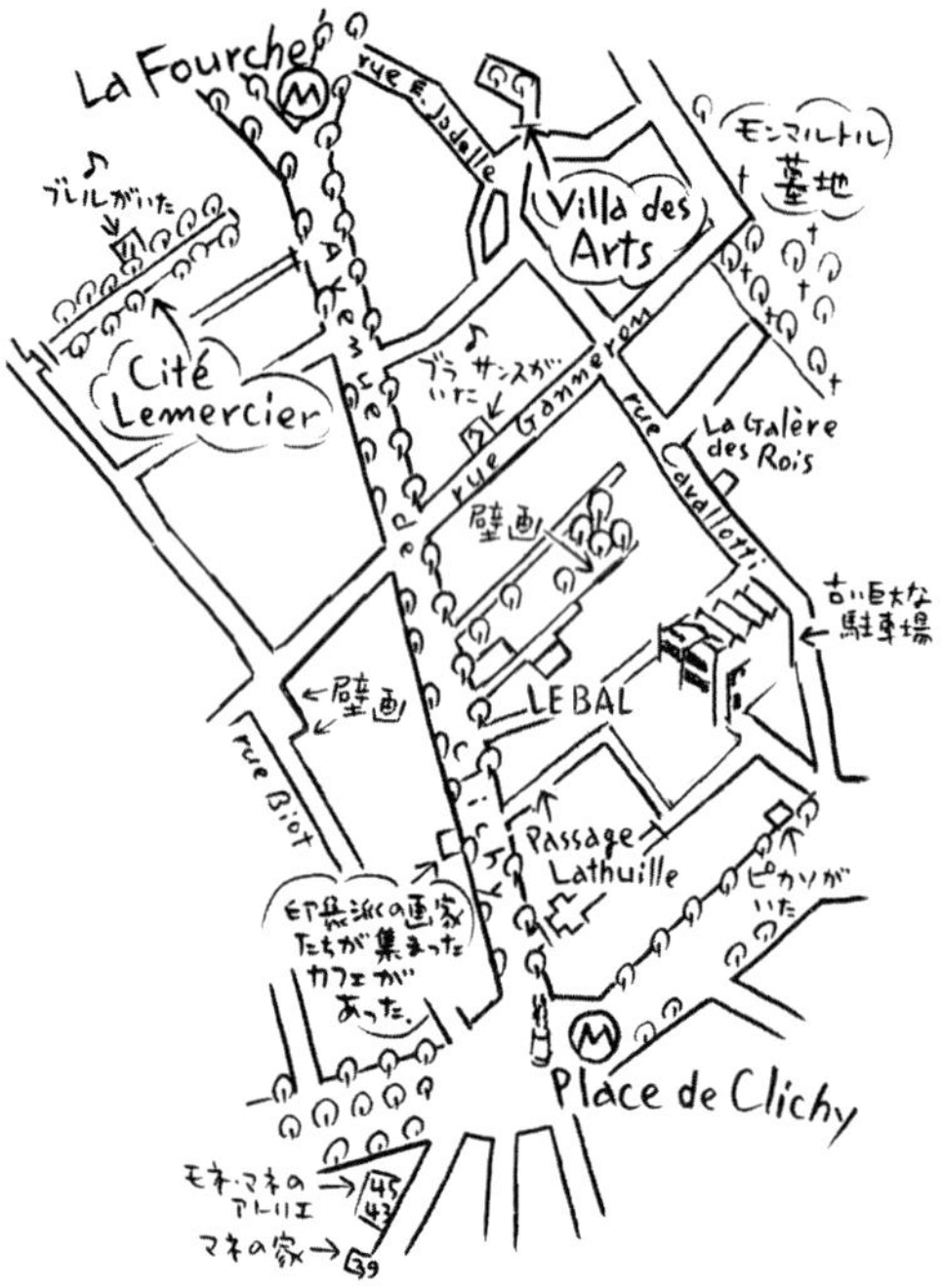

クリシー大通りを南へ。ラ・フルシュの交差点に近い「ヴィラ・デ・ザール（芸術村）」は、その名のとおりデュフィやピカソなどがいたところです。セザンヌはここで、ヴォラールの肖像画のために１１５枚ものデッサンを描いたという。ここは映画『フェリーニの道化師』や、Ｊ・Ｃ・タケラの『Ｃ階段』の舞台にも使われています。

行き止まりの路地アンパス・ド・ラ・デファンスの、公園に面した「ル・バル」は、20世紀初めのキャバレー・ダンスホールを、ドキュメント映像センターとして改装したもの。地下の大展示室の太い柱が、歓楽の場だった時代を偲ばせます。

公園奥の壁の大肖像画はジョンワンの作品。《エマウス》の創始者で、家の無い人たちのためにー生を捧げたアベ・ピエール（ピエール神父）へのオマージュです。

アベ・ピエール（1912～2007）は、フランスで最も尊敬される人No.1だった。

19世紀末、クリシー大通り9番地には、「カフェ・ゲルボワ」があった。マネを中心にセザンヌ、ドガ、ルノワール、モネ、シスレーら画家と、写真家ナダール、ゾラなどの作家や批評家たちが集まって熱い議論を交わしていた、印象派誕生の地。

かつては世界の芸術と文化の中心地だったクリシー広場は今、カキ専門の派手なブラッスリが並ぶ、何となく垢抜けない場所なのです。

ビオ通りの壁画はウィリアム・マッケンドリー。

アベスの広場から立体派の「洗濯船」へ。

丘のふもとの木立に囲まれたアベスの広場は、昔のモンマルトル村の中心だった。小さな回転木馬の手回しオルガンの音が流れる広場には、今もレトロな雰囲気が漂います。

地下30mの深いホームにつながる、軽やかなガラス屋根のついた、これまたレトロなメトロ出入り口は、もちろん1900年のアール・ヌーヴォー。ただしこのギマールの駅舎、1号線オテル・ド・ヴィルから移築したものです。

ゴシックにビザンチン様式を加えたような、一

現存するギマールの屋根付き駅は市内に3つだけ。

アベスの教会はビゴのタイルと天使の浮き彫りで飾られている。

風変わった姿の教会が広場を見下ろしています。アナトール・ド・ボード設計で、1902年に完成したこのサン・ジャン・ド・モンマルトル教会は、外装はレンガだけれど、世界最初の鉄筋コンクリート建築として知られている。
　正面を覆う装飾タイルは、アール・ヌーヴォーの陶芸家ビゴの作品。内部の壁や鉄の柱には、アール・ヌーヴォーの花模様。でも、幾何学的な直線と曲線で構成された建物は、むしろ30年代のアール・デコ建築のように見えます。

自分の首を持って
6キロも歩いた
サン・ドニさん。

　教会横のアンドレ・アントワーヌ通りの階段脇の家にはスーラやモジリアニが住み、階段下の建物は、1887年にアントワーヌが「テアトル・リーブル＝自由劇場」を開設したところです。
　16世紀にイグナチオ・デ・ロヨラやフランシスコ・ザビエルがイエズス会を結成したのは、イヴォンヌ・ル・タク通りの小さな地下礼拝堂だった。3世紀に、パリ司教だったサン・ドニが殺された場所も、この辺りと伝えられています。彼は切られた自分の首を持って、北の郊外のサン・ドニの町まで歩いたという。丘の反対側の小公園スクワール・シュザンヌ・ビュイッソンは、サン・ドニが首を洗った泉があったという伝説の場所です。

落書きだらけの階段でネコが昼寝していた。

アベス広場からアベス通りを西へ行き、角を右に折れてゆるやかな坂道を丘に向かいます。つき当たりの階段の手前の家に、詩人マックス・ジャコブがいた。階段の上が静かなエミール・グドー広場です。

立体派の「洗濯船」。

パリの街並みを見下ろす広場の一角、見晴らしの良さそうなホテルの隣の、本屋みたいな飾り窓のある家に、「バトー・ラヴォワール（洗濯船）」の看板がある。立体派の出発点といわれるピカソの『アヴィニョンの娘たち』はここで描かれた。ピカソがブラックやヴァン・ドンゲンらとキュビスムを生んだ、いわば近代絵画発祥の地です。

木造だったもとの「洗濯船」は1970年に火事で焼けてしまい、この家の裏に「コンクリート洗濯船」が再建されている。マックス・ジャコブが住み、アポリネールが訪れて熱気にあふれていた場所も、今は飾り窓にひっそりと当時の写真が並んでいるだけ。この家の右側に並ぶ古いアトリエが、かつての「洗濯船」のようすを偲ばせてくれます。

階段下のトロワ・フレール通りを東に行くとすぐの角に、〝Au Marché de la Butte〟というエピスリ（食料品店）がある。ジャン・ピエール・ジュネの映画『アメリ』に出て来た店です。

飾り窓にはピカソの時代の写真が貼られている。

グドー広場の下、ピカソやブラックが歩いた坂道。

映画『アメリ』に登場したエピスリです。

モンマルトルの裏道、風車の丘のアトリエめぐり。

エミール・グドー広場から少し上るとジャン・バチスト・クレマン広場へ出ます。近くのルピック通りに、パリ・コミューンのモンマルトル地区の指導者で、"Le temps des cerises"（さくらんぼの実るころ）を作詞したクレマンが住んでいた。

モンマルトルには数え切れないくらい多くの芸術家が住んだけれど、モンマルトロワ（モンマルトルっ子）に人気の高いのは、このクレマンとマルセル・エイメ、それにプールボです。

エイメが住んでいたのは、ノルヴァン通りとジラルドン通りの角の細長い広場に面したアパルトマン。この広場の端、隣の屋敷の庭の石垣の壁から『壁抜け男』が抜け出そうとしている。像の作者は、コクトーの映画『美女と野獣』や『オルフェ』のジャン・マレ。この壁抜け男のモデルはエイメその人です。

『壁抜け男』です。

プールボが描いた悪童たち。

20世紀前半にモンマルトルのワルガキの姿を描いて売れっ子イラストレーターだったプールボは、ルノワールやゴッホが描いた「ムーラン・ド・ラ・ギャレット」の隣の大きなアトリエに住んでいた。

ジュノ大通りのプールボの家の隣は、詩人トリスタン・ツァラの家。ウィーンの建築家アドルフ・ロースが設計した1926年の建築です。ジュノ大通りの並木道には、1920年代に建てられた瀟洒なアトリエ住宅が多い。

モンマルトルの丘の北西斜面のこのあたりは、20世紀の初めまで、マキ(maquis)と呼ばれる、灌木林の斜面にバラック小屋がへばりつく無法地帯だった。ジュノ大通りと、その南のルピック通りとの間の尾根の木立に、そんなころの光景が想像されます。

トリスタン・ツァラの家です。

ルピック通り54番地のくたびれた建物には、「ヴァン・ゴッホと弟のテオが住んだ」という銘板。オランダからテオを頼って出てきたゴッホが、最初に落ち着いたところです。

トロゼ通りの黄色い映画館〝STUDIO 28〟は、1930年にブニュエルの『黄金時代』を上映。司祭を窓から放り投げるシーンに怒った観客

ルピック通りのゴッホ兄弟が暮らした家。

小さな映画館ステュディオ28。

サクレ・クールの裏手モン・スニ通りは坂と階段の道。断続的に続く階段は合計189段ある。

から、インク壜や卵を投げつけられた前衛映画館だった。

ルピック通りをブランシュ広場へ向かうと、映画『アメリ』に登場して以来、すっかり観光名所になったカフェ"Café des 2 Moulins"がある。向かいの"LUX BAR"は、歴史記念物指定の内装も、常連のお客も昔のままです。

サクレ・クールの裏手もいい。

ルピック通りとはちょうど反対側、丘の北東斜面にもいい感じの坂道と階段がたくさんあります。はるかにクリニャンクールやサン・ドニの町が光り、振り返ると、サクレ・クールのシルエットの間から低い太陽が覗いている。

モンマルトルはどこも坂道と階段だらけ。あてもなく上ったり下りたりしてみると《古き佳きパリ》がそのまま身体にしみこんでくるようです。

ちょっと疲れるけれど……。

Bassin de la Villette 54 ●

水辺の公園、高台の下町。

水面がきらめく、ヴィレットの波止場へ。

サン・マルタン運河は、スターリングラード広場(まだこんな名前を残している!)の下をくぐり、水門を抜けると突然、大きな船だまりに出ます。ナポレオンが1808年に造らせた「バッサン・ド・ラ・ヴィレット」です。

この広々とした船だまりは、長さ800m、幅80m。ウルク運河とサン・ドニ運河をやって来た川船の物資を荷揚げするために造られた波止場です。

西端の、メトロの高架線を背にした広場には、パリの入市税を徴収する税関だった「ロトンド」が建っている。ルドゥが設計した円筒形の建物は、18世紀末の古典様式建築だけれど、広い波止場の正面に建つ姿は現代建築のように見えます。

キラキラと輝く水面には大小の川船が浮かび、岸にはサン・マルタン運河やウルク運河を巡る遊覧船の船着き場と、古い艇庫を改装したシネマ・コンプレックス〝mk2〟が並んでいる。カフェもあるこの映画館は、対岸にも別館があって、両方の間を小さな船が結んでいる。

明るい港町の匂いがする水辺の散歩道には、のんびり釣り糸をたれる人、ペタンクする人、ハダカで日光浴する人……。中央にかかる歩道橋からの眺めも、吹き抜ける風も気持ちがいい。

かつてヴィレットの食肉処理場が近かったこ

歩道橋からの眺め。奥の1787年の円形建物ロトンドにはブラッスリと展示室がある。

mk2（エム・カ・ドゥ）は名画系チェーン。

の辺りには、皮革なめしの工場があり、ウルク運河を運ばれて来た木材や薪、木炭、砂糖や穀物、飼料などの倉庫が建ち並んでいた。

再開発で新しい建物が次々に建てられているけれど、それでもまだ、昔の建物もいくつか残されている。映画館の建物は、１８７８年のパリ万国博のパヴィリオンを移築したもの。ウルク運河が始まる東端の大きな建物も、19世紀末に建てられた、砂糖と穀物の貯蔵庫だった。

南岸の穀物倉庫は今、アーティストの共同アトリエになっています。対になっていた北岸の建物は火事で焼け落ちてしまい、再建された似た形の建物は、ホテルとレストランになった。

Canal St. Denis
このあたりは
いかにもワビシイ。
でも、それが
いい。
l' Ourcq
ここから
ラ・ヴィレットの
公園です
使われていない
線路

ウルク運河をラ・ヴィレットへ。

この元倉庫の横には、ワイヤーで四隅の滑車に吊るされた、やはり19世紀末の橋がある。水中のシリンダーに、わずか4キロの水圧をかけるだけで上下するという可動橋です。エッフェル塔のエレベーターと同じ会社が設計したもの。運河を船が通るとき、踏切の遮断機が下りて、車は待たされるけれど、人は隣のアーチ型の歩道橋を渡りながら見物できる。

サン・ドニ運河が分岐するまでのウルク運河沿いは、いかにも場末の雰囲気。雑草だらけの石畳、壊れかけた家や看板、廃線のガード……北風が吹くころに歩いたら、どこか東欧の、見知らぬ街を彷徨《さまよ》う気分だった。

でも、すぐそこには科学と音楽の未来都市「ラ・ヴィレット」が光っています。

1888年の可動橋と1862年の元穀物倉庫。

モーまで48km、船は9時間もかかる。

日向ぼっこでおしゃべり。

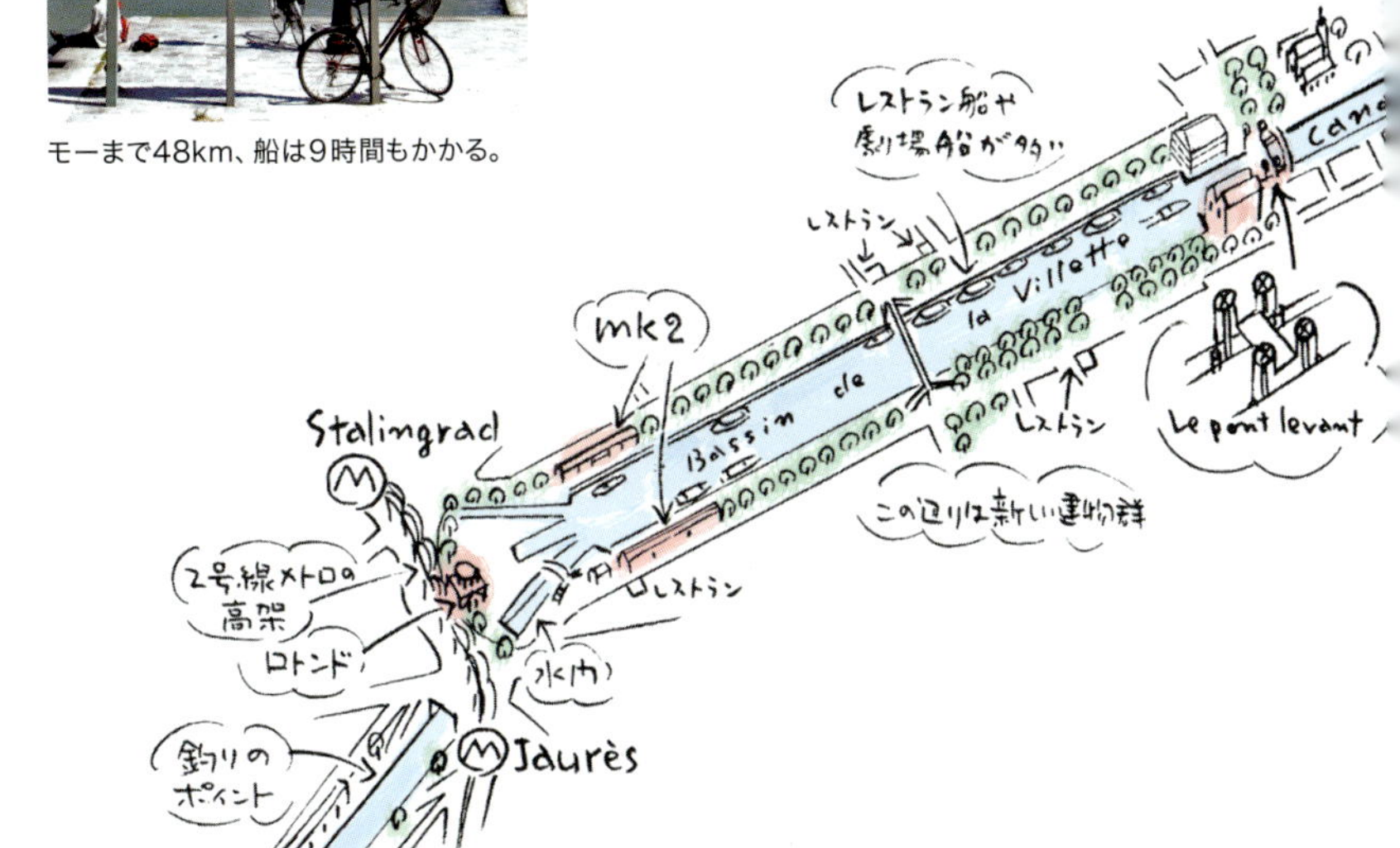
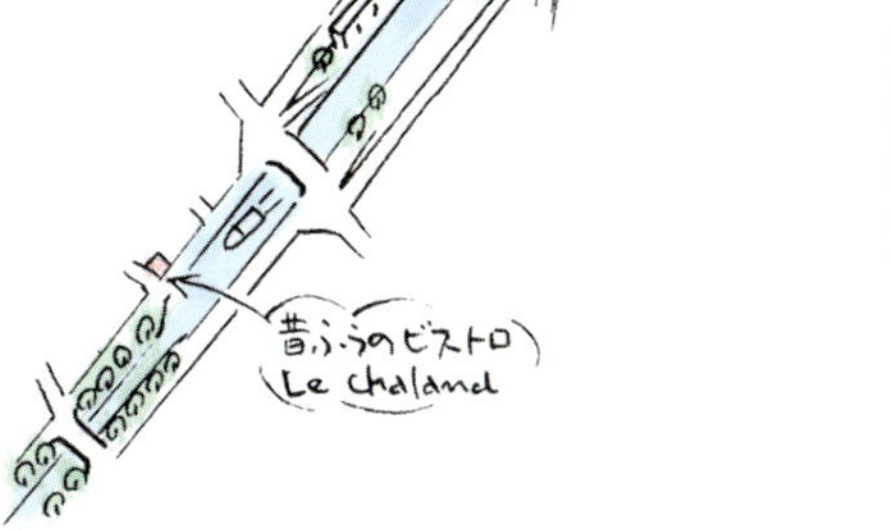

岸辺のカフェものどかです。

ラ・ヴィレットの音楽の街「シテ・ド・ラ・ミュージック」。

赤いフォリーの向こうに科学・産業博物館。

グランド・アル（ホール）は1867年の建築を改装。

『のだめ』の撮影も行われたコンセルヴァトワール。

パリ北東の外周道路に接した街外れに、ベルナール・チュミ設計の現代的な都市公園「ラ・ヴィレット公園」が広がっています。広い園内には、少しずつ形の違う「フォリー」という赤い小さな建物が、120m間隔で格子状に配置されている。竹の庭園、ぶどう棚、水の庭園といったテーマのある庭園は、それぞれ違う建築家や造園家が担当して、植物も現代的な造形の要素にしている。開園してしばらくは、こういうコンセプトが目立って、居心地のいい公園とは言えない感じがした。植物が大きく育った今は、こういう庭園、芝生、並木道など、いい感じの公園になっています。

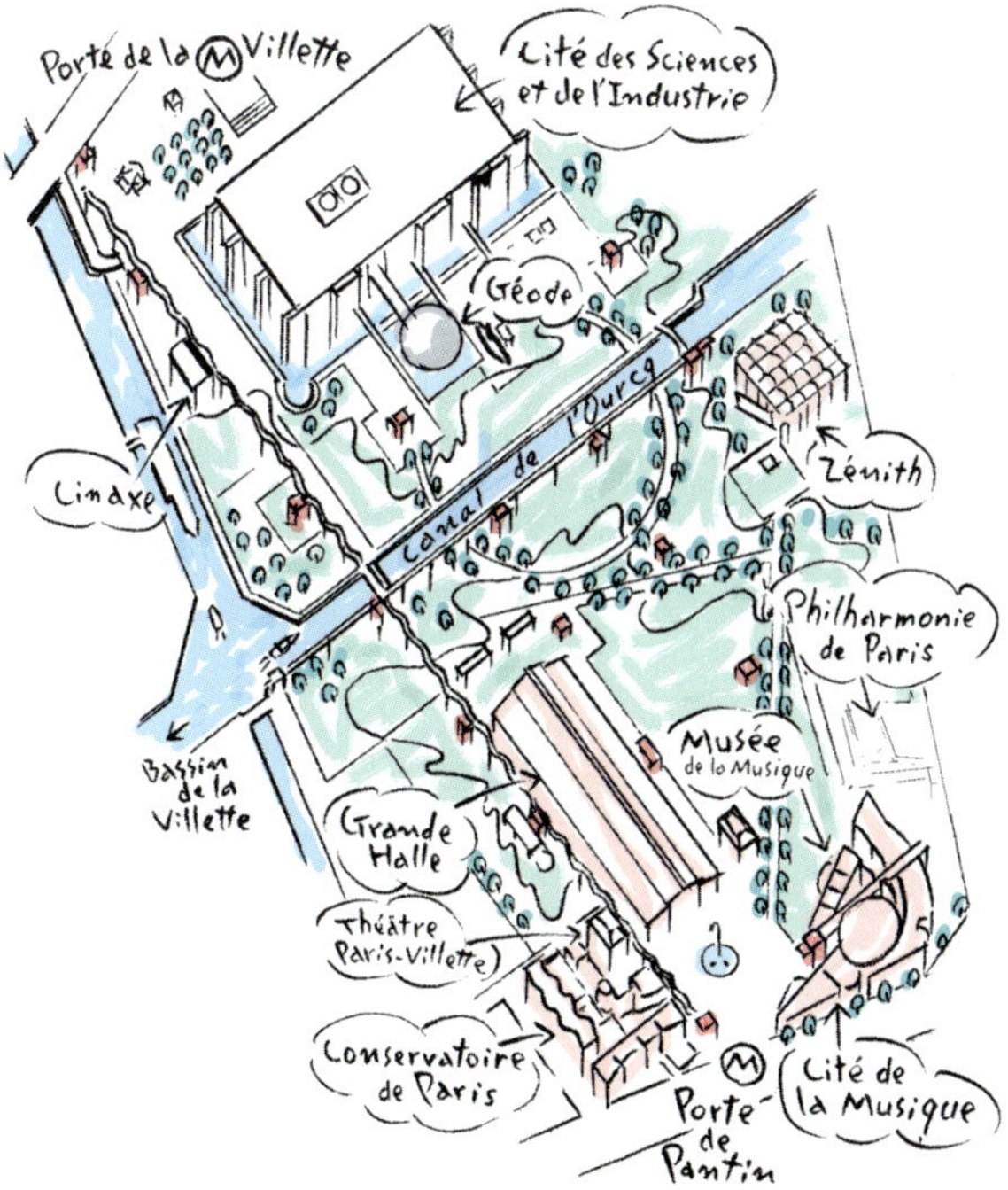

55000㎡というパリ市内最大の公園は、食肉市場と、食肉処理場だったところです。ウルク運河を隔てた北側には、科学・産業博物館「シテ・デ・シアンス・エ・ド・ランデュストリ」の巨大な建物がある。光っているステンレス球体はパノラマ映像館「ジェオド」です。

南入口正面に横たわる「グランド・アル」は、1974年まで肉牛の市場だった19世紀の建築。鉄柱の並ぶ大空間は展示会やコンサート、パリコレ会場などに使われている。「ラルク・アン・シエル」の公演があった「ゼニット」はロックとジャズ専用のコンサートホール。

公園の南端に、クリスチャン・ド・ポルツァンパルクが設計した、パリ高等音楽院「コンセルヴァトワール・ド・パリ」と、「シテ・ド・ラ・ミュージック」が並んでいます。

「シテ・ド・ラ・ミュージック」は、楕円形の大ホールを中心に、いくつかの棟がカタツムリのように周りを囲むユニークな空間。音楽のタイプに合わせて変化する大ホールでは、クラシックだけでなく現代音楽やジャズ、民族音楽など幅広いジャンルのコンサートが開かれている。

音楽博物館。

「シテ・ド・ラ・ミュージック」にある「ミュゼ・ド・ラ・ミュージック」は、コンセルヴァトワールの旧校舎にあった「楽器博物館」の収蔵品を中心に、近代音楽の歴史をたどる構成。

17世紀イタリア・バロック音楽のコーナーに入ると、ヘッドフォンからモンテベルディ作曲のオペラ「オルフェオ」の演奏が聞こえてきます。マークの付いた楽器の前に立つと、それぞれの演奏を聴くことができるしくみ。ふつうのミュゼなら興味のあるものだけ見て先へ進んでしまうのに、ここでは思わず聴いてしまうから、見るほうも自然にゆっくりていねいになります。

細密画の描かれた鍵盤楽器、象眼の白黒模様が美しいリュートなど、絵の中に出てくるような楽器や、ガラスで作られたフルート、八角形のピアノなどの珍しい楽器、ストラディヴァリ

表情豊かなシテ・ド・ラ・ミュージックの建物。

光と影のリズムがきれいな回廊が大ホールを囲んでいる。

ウスやベーゼンドルファーなどの名器もずらり。ラモーの宮廷音楽からモーツァルト、ロマン派ベルリオーズ、19世紀末のサン・サーンス、20世紀初めのストラヴィンスキーへと至るフランス中心の音楽の流れが展開されます。

サキソフォーンを発明したサックスは、パイプ状のものならさっそく何でもラッパにしてしまった。ギターはジャンゴ・ラインハルト使用のセルマーやジミヘンでおなじみのストラト、シンセサイザーもザッパのE-muと、それぞれの時代を創った楽器たちが登場。最後に奇妙な新楽器の演奏を聴いて音楽の旅を終わります。

ここと「ゼニット」の間には、ジャン・ヌーヴェル設計の大音楽ホール「フィルハーモニー・ド・パリ」が、2014年開場の予定です。

Parc des Buttes Chaumont 56

伝説の天国、ビュット・ショーモン公園。

ベルヴィルの丘の北端の急斜面にある「ビュット・ショーモン公園」は、パリでいちばん美しい公園といわれています。池にそびえる岩山のてっぺんからは、モンマルトルの丘に白く輝くサクレ・クールや、サン・ドニの街が望める。

ところがここは、中世のころからの石切り場でそのうえ、首吊り処刑場があった所なのです。フランソワ・ヴィヨンが有名な四行詩、

われはフランソワ、残念也、無念也、
ポントワーズの邊《ほとり》なる　巴里の生れ、
六尺五寸の荒縄《あらなは》に　吊りさげられて
わが頸《くび》は　臀《あさらひ》の　重みを　知らむ。
（鈴木信太郎・訳）

そして『ヴィヨン墓碑銘』を詠んだのは、ここの絞首台にかかるのを覚悟してのこと。幸い絞首刑をまぬがれたヴィヨンは、その代わりパリから追放されるのですが……。

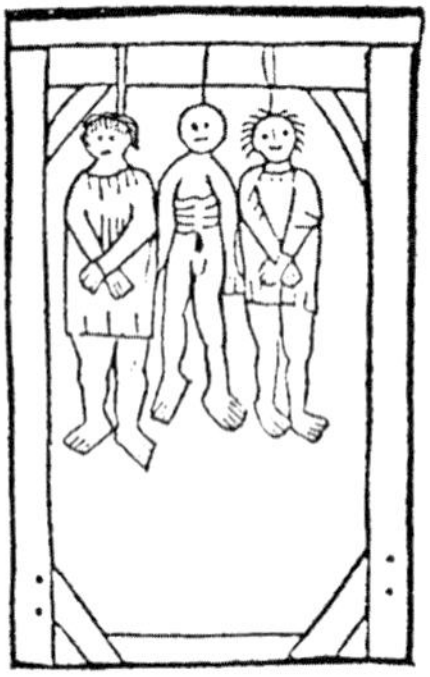
『ヴィヨン全詩集』より。

19世紀のオスマン・パリ改造で公園に生まれ変わる前は、石切り場の洞穴に盗賊たちが住みつき、ゴミ捨て場にもなっていて、コワくて臭くて凄まじい場所だったのです。

19区の区役所前の広場から公園に入ると、池

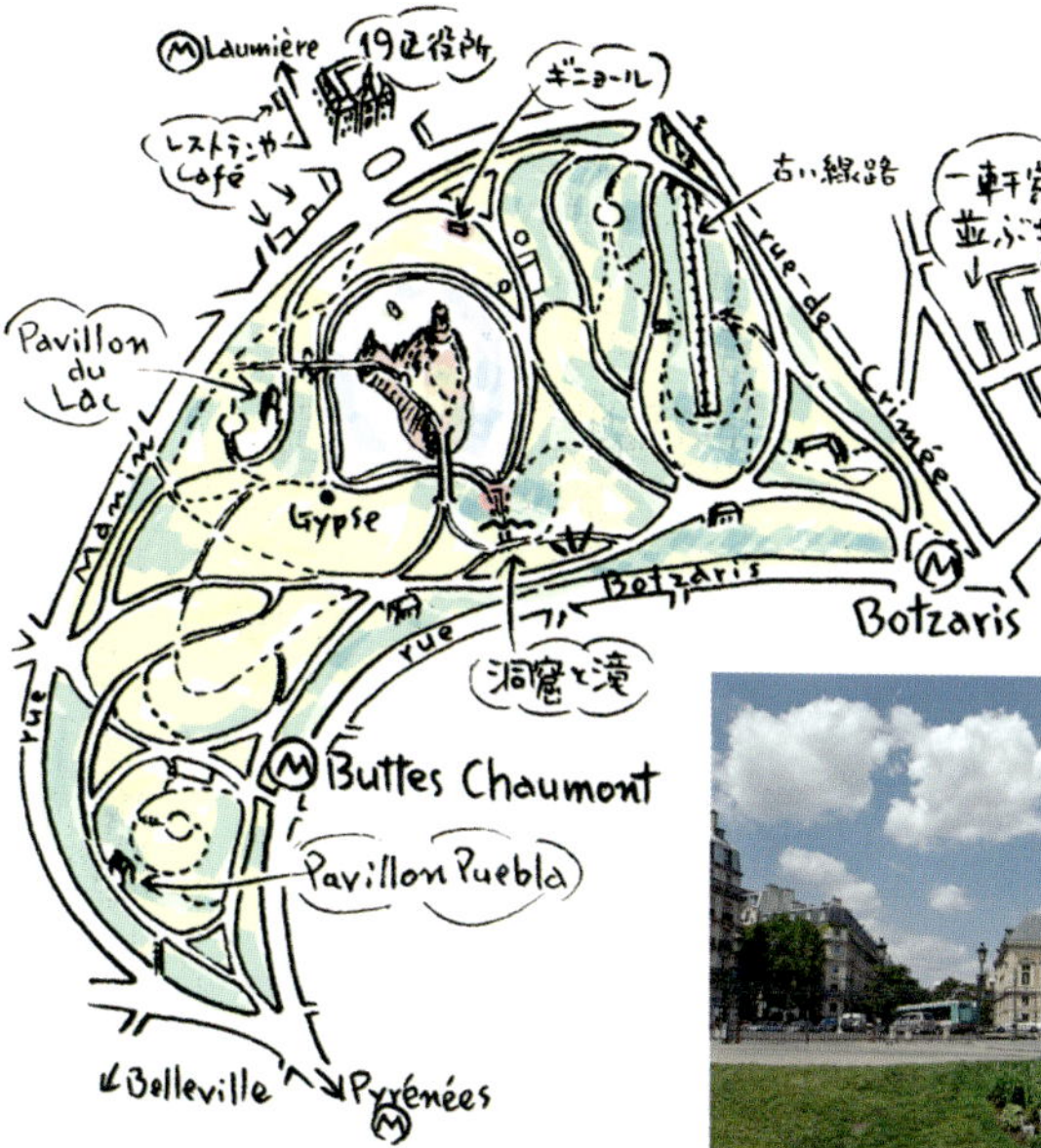

正面入り口と19区の区役所。

岩山の高さは55m。ピサの斜塔と同じです。

の中央から切り立った岩山がそびえています。水鳥の遊ぶこの池は石膏を露天掘りしていた跡だし、そそり立つ山は切り崩された岩をコンクリートで固めて展望台にしたもの。てっぺんの小さな神殿風の建物は、ローマ郊外ティボリのヴィラ・グレゴリアーナ庭園にあるシビル寺院の真似です。

池の裏手の崖に巨大な洞窟が口を開いている。薄暗い洞窟の、23mもある高い天井の穴からは、上の緑がキラキラ光って見えます。この洞窟は石切り場時代の珪石の掘り出し口だった。洞窟の奥には丘の上から流れ落ちる滝が水音を響かせています。この滝も人工のもので、サン・マルタン運河から引いた水を32mの高さから落とし、池に流しているのです。

「伝説の天国」「夢のアパルトマン」。

これは、アラゴンがこの公園を表現した言葉です。ショーモン（ハゲ山）だった丘が、今は深い緑と小鳥の声につつまれ、まるで自然そのまま。高低差が40mもある園内は、上ったり下りたりの楽しい散歩道が続いている。ジョギングにはかなりハードなコースです。

池の岩山にかかる吊り橋は「首吊りの橋」もうひとつのレンガの橋は「自殺者の橋」。ここはパリの自殺の名所だったらしい。縁起でもない名前だけれど、岩山のてっぺんからは、生き返るような風景が広がる。眼下の池の周りを散歩する人がアリのようです。

よく手入れされた急斜面の芝生は立ち入り自由で、子供たちや犬には転げ回れる運動場、

石灰岩の洞窟だから鍾乳石が下がっている。

池は水鳥の天国。岩山の手すりもコンクリートの偽木です。

パリ環状線プティット・サンテュールの廃線跡。

恋人たちと昼寝の人には心地よい絨緞です。雪が積もれば素晴らしいゲレンデになりそう。

人形芝居ギニョールの小屋や回転木馬から、子どもたちの歓声が風に乗って来る。木陰で腰を下ろすといつの間にか寝そべってしまう。

メトロ7bis線のビュット・ショーモン駅は、ホームまでの深さが31m。線路は昔の石切り場の洞穴跡を通っているらしい。どうせなら、公園の洞窟を出入り口にしてくれたらよかったのに。

ダニューブの坂道に連なる赤い瓦屋根。

パリ市民のほとんどは、昔からアパルトマン暮らしがふつうです。特に都心部には一軒家はほとんど見当たらない。そんなパリにも周辺区には何カ所か、庭つきの一軒家が集まった郊外住宅地風の地区があります。

メトロ7号線の支線7bis線は、ビュット・ショーモン公園から一方通行で、パリ東北の街外れ19区の高台を回る単線です。いつ乗っても空いているこの電車をダニューブ駅で降り、地中深くから大きなエレベーターで、ラン・エ・ダニューブ(ラインとドナウ)広場へ出る。

古びたホテルやレストランが数軒あるだけの、のどかな空気が漂うところです。「ル・カフェ・パリジャン」というカフェも、村の広場のカフェみたいで、パリじゃないじゃん、という雰囲気。

広場中央の花壇に立つ彫刻の、刈り入れた麦束を抱えた女性の表情が、空をさらに広く感じさせます。広場の東側にあるリセのピカピカ建築だけが現代都市パリを主張している。

ビュット・ショーモン(ビュット=高台)よりもさらに高みにあるこの辺りは、19世紀の末から1920年代にかけて宅地開発された。そのころのパリ周辺には、イギリスの田園都市にならった住宅地がたくさん造られています。

16区オトゥイユのお屋敷街などに比べると、同じ一軒家のある地区でも、この辺りの家はずっと小さくて庶民的。ごくふつうの市民の暮らす住宅です。車の入らない路地に、小さな前庭

彫像の題名は『収穫』。花壇にも小麦が植えられている。

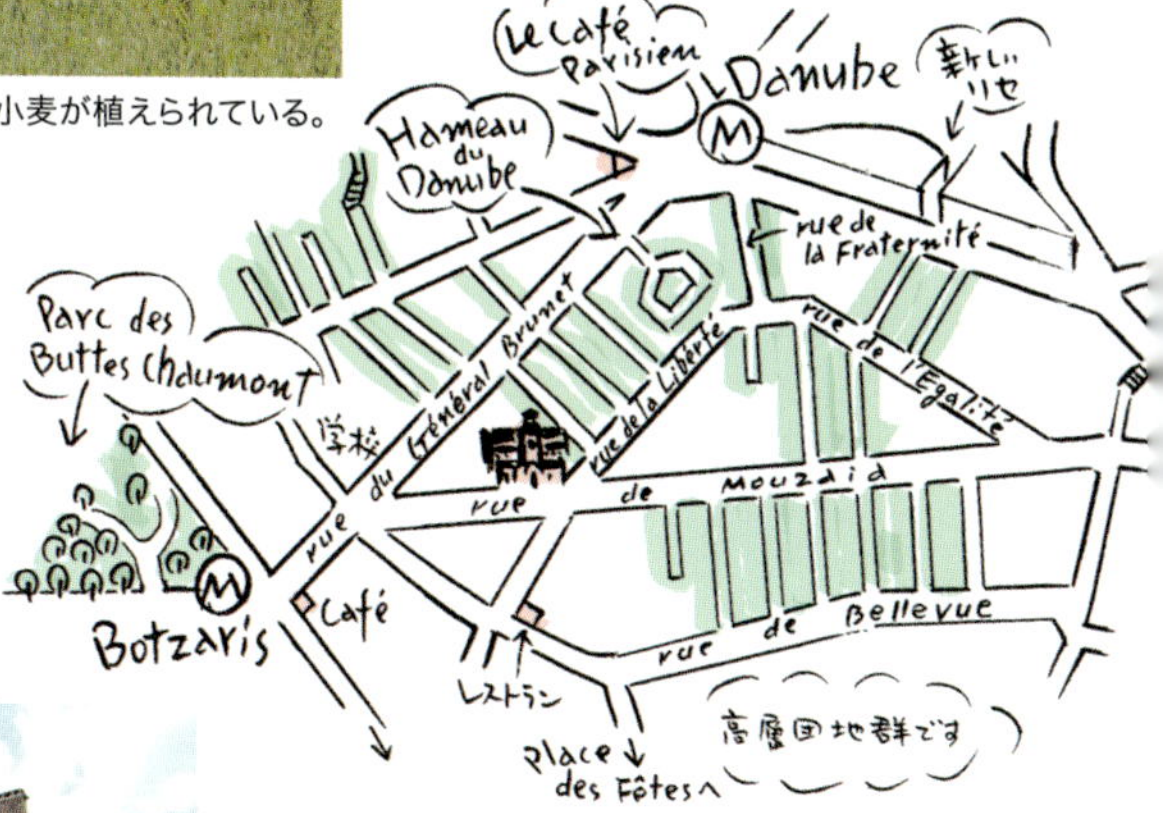

のある2階建ての家が、壁を接して並んでいる。20以上もあるこれらの路地は、みんな「ヴィラ・○○」と名付けられています。20年代アール・デコ・スタイルの家も多い。玄関の鉄格子や円形の窓がデコしています。

広場近くの「アモー・デュ・ダニューブ」は、1924年、2人の建築家が自ら設計、分譲したところ。一軒一軒の窓にも表情のある独立家屋が並んで、まるで郊外の住宅地のようです。

慈善団体「一片のパン」のタイル看板の家。

アモー・デュ・ダニューブの門柱。

隣の「ヴィラ・アマリア」の、壁や鉄柵に蔦の這ったイタリアの小さなヴィラを思わせる家は、1892年に造られたもの。

　向かいの「ヴィラ・ドートリーヴ」の、葡萄と花に囲まれた30年代の家もいい。この下の通りも「ヴィラ」だらけの平和なところです。


自由通り、平等通り、友愛通り。


　広場からフラテルニテ（友愛）通りを上ると、道が二手に分かれ、右にリベルテ（自由）通り、左はエガリテ（平等）通り。1889年、つまりフランス革命から100年目にできた通りです。

　高台のてっぺん、ベルヴュー通りまで上ると、いきなり箱形の高層団地がそびえている。通りをはさんだヴィラ住宅街の、のんびり穏やかな情景とはまるで不似合いで、街の景観に対するフランス人のセンスを疑いたくなるシロモノ。でもこの団地の窓からの景色は、きっと最高だと思う。

　足もとの「ヴィラ・ド・ベルヴュー」や「ヴィラ・デ・リラ」の、緑の斜面の路地に階段のように連なる家並みは、ほんとに可愛いのです。

友愛通りを自由通りへ向かうパリの笠智衆さん。

のどかな住宅地の背後に高層団地がそびえている。

団地の丘からの眺めです。

花咲くヴィラ・ド・ベルヴュー。

ピアフの生まれた坂道は、壁画と中華のベルヴィル通り。

このフレーズは1993年から。右のジャン・ル・ガク作品は1986年から変わっていない。

『belleville, belleville』という本を買いました。小さいけれど分厚い本。パリ20区の高台ベルヴィルに生きる人たち、この街を愛する人たちのインタビューと文、それに1930年代から現在までの、150点あまりの写真で構成されている。この美しい（belle）街（ville）の風景と人々の姿をとらえた、ウィリー・ロニス、ルネ・ジャック、ロベール・ドワノーたちの写真は、どれもが映画のワンシーンのようです。

パリの田舎といわれたベルヴィルやメニルモンタンは、近年の再開発で古い建物が次々と建て替えられ、急速にその姿を変えています。それでも丘の上の坂道にはまだ、1956年のカンヌ映画祭短編グランプリの作品『赤い風船』に

この家の階段で生まれたというピアフの銘板。

登場した昔の街角がそのまま残されている。

　メトロ11号線のピレネー駅近く、埃っぽい坂道ベルヴィル通りを下る。72番地の古びたアパルトマンはエディット・ピアフが生まれた家。でも、近所から流れて来る音はピアフでなく、アフリカの太鼓やラップのリズムなのです。

　はるかに小さくエッフェル塔が見えるベルヴィル通り。曲がり角の小さな空地に面して、ふたつの大きな壁画が並んでいる。左の壁の作品は短いフレーズが書かれた黒板を、つなぎの作業衣を着たおじさんが、上下から取り付けようとしている。1986年制作のBenの作品は、数多いパリの壁画の中でも古くから知られる名作。思わせぶりな《警句》は、ときどき更新されます。

ベルヴィル公園。

　丘の斜面に広がる「ベルヴィル公園」は、スラム化していた古い建物を取り払って造られた公園です。水の流れる道や藤棚のトンネルのある

『赤い風船』に出てきた眺めのいい家。

まっすぐな道を、等高線に沿った遊歩道が結んでいる。

ふもとからの標高差が50m以上もある斜面頂上のテラスから、広い空の下にパリの街が見渡せる。くすんだ屋根の中にポンピドゥ・センターの原色が浮かび、オペラ座の向こうには、ラ・デファンスの高層ビルも見えます。観光客でにぎわうモンマルトルのテラスとほぼ同じ高さの、このぜいたくな展望、眺めているのは地元の人たちだけ。

テラスの後ろの角の細長い建物は『赤い風船』に出てきた。ここの最上階は、おそらくパリでいちばん眺めのいい部屋です。

この先のビストロ“Le Vieux Belleville”では、週末の夜、アコーディオンの弾き語りをする歌手が古いシャンソンを歌う。安くてシンプルな料理と、レトロなアコーディオンの音は、まさに「旧きベルヴィル」という店名のままです。

公園のふもとの一帯は再開発が進んでいて、新しいけれど少し安っぽい建築が建ち並んでいる。ベルヴィル通りへ出ると、突然、中国、ヴェトナム、タイ、カンボジア、ラオスと東南アジアの世界になります。ベルヴィルは昔からユダヤ人やアルメニア人、トルコ人など移民の多い街

ベルヴィル公園の斜面。展望テラスの下に『パリの大気』の展示館がある。

だった。再開発とともに中国系の人たちが増え、13区と並ぶ中華街になっている。旧正月のベルヴィルはジャンジャラブオーンと爆竹の音で満たされます。

坂道の下、派手なネオンの中華料理店のある交差点の東側も、すっかり漢字の世界。おかげで、安くておいしい春巻や手打ち麺が食べられます。

展望テラスの眺めのいいカフェ。

大食品スーパー巴黎超級市場の車です。

メニルモンタン、滝通りから水たまり通りへ。

高台の下町メニルモンタンは、古くから、アジェ、ドワノー、ウィリー・ロニスと多くの写真家が作品を残している。ロニスの写真集『ベルヴィル・メニルモンタン』には、40年代後半の穏やかな時代の下町の空気があふれています。

カスカード（滝）通りや、その下のラ・マル（水たまり）通りのように、水にちなんだ名のついた道が多い。この斜面からは湧水が豊富に出て、葡萄畑で覆われていた中世から19世紀まで、ここからマレ地区へと水を引いていたという。

ベルヴィル公園の上からアンヴィエルジュ通りを行くと、6本の小さな通りが集まる場所に出る。田舎町の中心みたいな感じで、交差点というほどではない。左へ行くとピレネーの駅で、正面の階段の上がベルヴィル・メニルモンタンの高台を縦断するメイン・ストリート、ピレネー通り。そして右手に伸びるのがカスカード通りです。

湧き水が出る滝通り。

カフェ"Les Cascades"は、火曜の夜には奥の部屋で《作文教室》が開かれ、作家志望の人たちが集まる文学カフェ。ここから南へ等高線に沿ってカスカード通りを行きます。

一軒家の駐車場の脇の壁に、白いシルエットの人間が描かれている。丘の上に住む落書きアートのリーダー的存在ジェローム・メスナジェの作品です。取り壊されそうな建物や壁に、このシルエットを描き続けてきた彼の作品は、再開発の進む地元の街角に特に多いのです。

ジャック・ベッケル監督、シモーヌ・シニョレ主演の映画『肉体の冠』の舞台となった44番地の家の隣に、展覧会場のある共同アトリエ「エ

カフェ「ル・カスカード」

メスナジェのシルエット人間。

廃業した魚屋の家に残るタイル装飾。

《そして今》なんです。

エスパス・ルイーズ・ミシェル。

スパス・ルイーズ・ミシェル」がある。向かいの塀に《パリコミューンから１４０年……そして今》という落書き。ルイーズ・ミシェルは、パリ・コミューンの闘士で、アナキスト、フェミニストの先駆として知られる女性です。

　サヴィ通りと交わる道端に、湧水の水道の監視小屋だった石の小屋が建っている。もう少し

絵はハデだけどヴィラ・レルミタージュは静かです。

カスカード通りの湧き水監視小屋は、16世紀末から17世紀初頭に造られたという。

先、17番地の新しい建物の横の階段下には、今もきれいな水の流れが覗ける監視小屋があります。

手前の階段をもう一本上の通りレルミタージュ(隠者の住むところ)通りに上り、ハデな落書きアートで埋まった塀の間の「ヴィラ・レルミタージュ」は、長屋風の家が並ぶ路地です。サヴィ通りからマル通りを下り、廃止されたパリ環状線を越える小さな歩道橋を渡ると、ノートルダム・ド・ラ・クロワ教会がある。再開発で建てられた高層アパート群に囲まれて、パリで3番目に大きいという教会がちょっとかわいそう。

メニルモンタン通りは、くたびれた印象のカフェやレストラン、安物の雑貨や靴の店。にぎやかだけれど、どことなく雑然とした通りです。

振り返ると、右手の古い建物に《オレたち、メニルモンタンの若者だ》と手をつないだジェロームのシルエット人間の大壁画が見えます。

ペール・ラシェーズ墓地は、涼しい木陰の散歩道。

丘の斜面に広がるペール・ラシェーズ墓地は、深い木立につつまれた気持ちのいい(?)公園(?)です。かつてイエズス会の地所だった土地が、19世紀の初めに墓地になった。広さ44ヘクタールの構内には、およそ7万の墓があって、たくさんの有名人も眠っている。案内図を片手に墓巡りする人たちでいつもにぎわっています。

回廊の壁に納骨ボックスが並んでいます。

正門入り口は、メニルモンタン大通りに面しています。正門にいちばん近いメトロの駅は、ペール・ラシェーズよりも隣のフィリップ・オーギュスト。立派な正門から入ると、お墓に囲まれた並木道が正面奥の『死の記念碑』へ伸び、さらにかなりな急斜面の丘を上っていくのが見える。

正門から入るより、丘の上のガンベッタ側入り口から入ったほうが、ずっとラクチンに回ることができる。でもタダでもらえる案内図は、なぜか正門横の管理事務所にしか置いていない。

丘の上に、コイン・ロッカーみたいな納骨堂に囲まれた金色ドームと煙突の火葬場兼葬儀場があります。今まで2回、ここで日本人の友人の葬儀に参列しました。どちらもまだ若かった

ペール・ラシェーズはここに住んでいた神父さん。急斜面から下は大きな樹木につつまれている。

オスカー・ワイルドのワイルドな墓。

ごくふつうのピアフの墓。

のに病死してしまった。カトリックではふつう土葬なので火葬場が少なく、パリではここだけ。ここには埋葬しない人の火葬と葬儀も受け入れているのです。

目立ちたがりの墓、人気の墓。

四角く区画された丘の上で、やたらに目立つのはオスカー・ワイルドの墓。イヴ・モンタンがシモーヌ・シニョレと一緒にいます。モンタンを《発見》したエディット・ピアフの墓もある。

その近くの塀「ミュール・デ・フェデレ」はパリ・コミューンの兵士147人が銃殺されたところです。

このあたりに最近増えているのがお金持ちの中国人の墓。控えめなカトリックの墓の中で、金や赤で彫られた漢字が異彩を放っています。

静かで日当たりのいい墓地の生きた住人はたくさんのネコたち。外の人間世界とは違って再開発の影響も及んでいないここでは、壊れか

コミューン兵士の塀。

かったお墓の中が彼らの家です。

うっそうとした森の斜面から東側には、古い墓が多く、中国人の墓もびっくりの豪華版の墓も多い。ボージュール(いい日)という人の、高さが16mもある煙突みたいな墓、エリザベート・ドゥミドフというどこかのプリンセスの3階建ての古代ギリシャ神殿墓。回教寺院にピラミッド、キラキラ輝くアール・ヌーヴォーの墓もあって、日本の墓場の枯れた雰囲気とは大違い。

急斜面の上に神殿墓。

鉄柵で近寄れないジム・モリソン。

プルースト、ショパン、モジリアニと、多くの有名人が眠るペール・ラシェーズの人気スターはまず、19世紀の霊能者アラン・カルデック。オカルト・ブームの昨今、花を供え真剣に祈る信者が絶えません。もうひとりが1971年にマレ地区のアパルトマンで急死したジム・モリソンです。いつも世界中からやって来たファンが、無粋な柵で囲まれた墓の周りに集まっている。とくに命日の7月3日にはドアーズの曲の大合唱になる。

礼拝堂の前は芝生と花壇を囲むテラスになっていて、ベンチには老夫婦や恋人たちが並んでいます。高台の大きな墓の露台でひなたぼっこしながらウトウトしている人もいる。

そうはいってもやっぱり墓場。幽霊が出るという噂の墓もあるそうで、冬の夕暮れなんかひとりで行くのは少し不気味かも。山道も多いから歩きやすいスタイルで。

あとがき

この改訂版のもとになった『ガイドブックにないパリ案内』は、1992年から97年にかけて『フィガロ・ジャポン』に連載した記事をまとめたものでした。当時の版元は阪急コミュニケーションズの前身TBSブリタニカ。会社の名前は変わったけれど、おかげさまで何回か増刷を重ね、そのたびに部分的な訂正をしてきました。

書名が示すようにこの本は、シャンゼリゼやサン・ジェルマンなどの華やかなパリよりも、ふつうの人々が暮らすふつうのパリ、言ってみればパリの隅っこを歩くための参考書です。中にはむしろ、きたないところ、雑然としたところ、ちょっとうらぶれた場所もある。でも、とにかく歩いてみて下さい。いろんな歴史といろんな肌の人たちが混じりあうパリの、さまざまな姿が見えてくるのは楽しいものです。

数年経つと街の様相がすっかり変わってしまう日本の都市と違って、パリは、街のキホン的な形や印象はそれほど大きく変わってはいません。ユネスコの世界遺産に登録されているセーヌ河岸など、橋を渡るたびに、いつも変わらない風景に「あゝ、パリはなんていい街なのか」と感じるのです。

その後旧版の訂正や、何冊かの本の出版につき合ってくれた、阪急コミュニケーションズ書籍編集部の鶴田寛之さんからこの改訂版を出そうと提案され、気楽に引き受けたのですが、大きく変わった地区から順に検証散歩を始めて、これはそう簡単じゃないことに気がつきました。変わっていないパリも、さすがにずいぶん変わっているのです。昔の工場跡がアート・スペースに改装されていたと思うと、老舗の店が消えていたり、自由に入れた路地に厳重な扉ができていたり、なにしろ当時は、大統領はシラクさん、通貨もまだフランの時代だったのです。

私自身だってフランス語もろくに話せず読めず(あ、これは今でも同じですが)、パリの歴史や文化もほとんどわかっていないのに、夢中でパリ中を歩き回っては、オモシロイと思うものの写真を撮り、にわか仕込みの知識で書いていたのです。カンチガイやらマチガイもけっこうあったことにも気がつきました。旧版を愛読してくれた読者のみなさん、ごめんなさい。この改訂版はずっとマシです。

結局、予定を延ばしに延ばし、ほとんどの写真を新しいものに入れ替え、地図も描き直したり修正したり、今回の編集担当の小泉淳子さんには、すっかりご迷惑をかけました。歴史的な事実関係や表記などを丹念に調べて下さった、校正、校閲の鷗来堂さんにもお世話になりました。そして、この雑多な要素と内容をきちんと把握して、こんなに見やすくきれいな本に仕上げてくれたパブリックイメージのワカメこと夏木わかなさん、内田孝博さんに、心からのありがとう、です。

稲葉宏爾

文・写真・地図
稲葉宏爾（いなばこうじ）

北海道生まれ。

東京教育大学教育学部芸術学科構成専攻卒業。

集合den代表として、1970〜90年代にかけて
多くの雑誌や書籍のデザイン、アート・ディレクションを手がける。

1987年から、家族とともにパリ郊外に在住。

著書に『パリ右眼左眼』、『パリからの小さな旅』、

『ガイドブックにないフランスぶらぶら案内』（阪急コミュニケーションズ）、

『世界歴史の旅 フランス1・2』、『世界歴史の旅 パリ建築と都市』（ともに福井憲彦と共著・山川出版社）、

『路上観察で歩くパリ』（角川書店）など。

ブログ・ばにゅうのやど http://inabagneux.blogspot.com/

改訂版《かいていばん》ガイドブックにないパリ案内《あんない》
2012年4月5日 初　　版
2013年4月1日 初版第2刷

著者　稲葉宏爾
装丁・デザイン　夏木わかな（publicimage）
校閲　鷗来堂
発行者　五百井健至
発行所　株式会社阪急コミュニケーションズ
〒153-8541 東京都目黒区目黒1丁目24番12号
電話 03-5436-5721（販売）
03-5436-5735（編集）
振替 00110-4-131334
印刷・製本　大日本印刷株式会社

ISBN978-4-484-12208-3
Printed in Japan

パリのおもなミュゼ（美術館・博物館）とアート・スペース、見どころリスト。
Musées et espaces culturels parisiens

1er arrondissement

1区

装飾美術館　Musée des Arts Décoratifs
107 rue de Rivoli 75001 Paris ●Métro : Tuileries, Palais Royal, Pyramides
モードとテキスタイル美術館（Musée de la Mode et du Textile）、
広告美術館（Musée de la Publicité）を併設。●月曜休館。▶p.10

ジュ・ド・ポウム　Galeries Nationales du Jeu de Paume
1 place de la Concorde 75008 Paris ●Métro : Concorde
国立写真センターの展示場。質の高い企画展が多い。●月曜休館。▶p.13

オランジュリ美術館　Musée de l'Orangerie
Jardin des Tuileries 75001 Paris ●Métro : Concorde
印象派、新印象派絵画、とりわけモネの連作『睡蓮』で知られている。●火曜休館。▶p.13

ルーヴル美術館　Musée du Louvre
Cour Napoléons, 75001 Paris ●Métro : Palais Royal
古代文明以来19世紀半ばまでの西欧美術の流れを集大成する世界屈指の美術館。一度に回るのは無理無謀なので、分野や時代を限って見るのがいい。●火曜休館。▶p.10

コンシェルジュリ　Conciergerie
2 boulevard du Palais, 75001 Paris ●Métro : Cité
裁判所（Palais de Justice）の敷地内に残る14世紀の王宮の一部。
革命時に使われた監獄が公開され、マリ・アントワネットの独房などが再現されている。●無休。

サント・シャペル　Sainte Chapelle
4 boulevard du Palais, 75001 Paris ●Métro : Cité
裁判所の敷地内。王室礼拝堂だった13世紀のゴシック教会。ステンドグラスは世界一と言われる。●無休。

2ème arrondissement

2区

フランス国立図書館リシュリュー　Bibliothèque nationale de France, Site Richelieu
5 rue Vivienne 75002 Paris ●Métro : Bourse, Palais Royal, Pyramides
企画展が開かれる。常設のメダル類の展示室（Cabinet des Mèdailles）もある。●日曜・祭日休館。▶p.14

エルブ美術館　Musée en Herbe
21 rue Hérold 75001 Paris ●Métro : Les Halles, ●RER : Châtelet-Les Halles
子どものための美術館。●無休。

3ème arrondissement

3区

アール・ゼ・メチエ（国立工芸技術）博物館　Musée des Arts et Métiers
60 rue Réaumur, 75003 Paris ●Métro : Arts et Métiers
科学用具、資材、建設、エネルギー、運輸など分野ごとに展示。●月曜休館。▶p.29

人形博物館　Musée de la Poupée
Impasse Berthaud 75003 Paris ●Métro : Rambuteau
田舎家ふうの建物にある小さなミュゼ。●月曜・祭日休館。▶p.26

ユダヤ歴史美術館　Musée d'Art et d'Histoire du Judaïsme
71 rue du Temple 75003 Paris ●Métro : Rambuteau
17世紀のサン・テニャン館。なじみの薄いユダヤ教に関する民俗資料も多い。●土曜休館。▶p.27

カルナヴァレ（パリ歴史美術）館　Musée Carnavalet Histoire de Paris
23 rue de Sévigné 75003 Paris ●Métro : Saint Paul
16～17世紀のカルナヴァレ館にある見応えあるミュゼ。●月曜・祭日休館。▶p.30

ピカソ美術館 Musée National Picasso
5 rue de Thorigny 75003 Paris ●Métro : Saint-Sébastien-Froissart, Saint-Paul
17世紀のサレ館を巧みに改装、ピカソの造形の変遷を順に追っていける。
2013年夏まで改装のため休館。▶p.9, 30

狩猟自然博物館 Musée de la Chasse et de la Nature
62 rue des Archives 75003 Paris ●Métro : Rambuteau, Hôtel de Ville
ゲネゴー館(17世紀)。おもに王侯貴族の狩りの歴史。●月曜・祭日休館。▶p.30

コニャック・ジェイ美術館 Musée Cognacq-Jay
8 rue Elzévir 75003 Paris ●Métro : Saint-Paul
16世紀末のドノン館。サマリテーヌ百貨店の創始者夫妻による18世紀美術装飾コレクション。
●月曜・祭日休館。

フランス歴史博物館(国立公文書館) Musée de l'histoire de France (Archives Nationales)
60 rue des Francs-Bourgeois 75003 Paris ●Métro : Rambuteau, Hôtel de Ville
18世紀ロココ様式のサロンがあるスービーズ館と隣のロアン館にあるアルシーヴ・ナショナル(公文書館・古文書館)。ナントの勅令、マリ・アントワネットの遺書などを展示。サルコジ大統領の提唱で、公文書館を移転、新たなフランス歴史博物館の開設計画が進められている。●火曜・祭日休館。▶p.30

4ème arrondissement

4区

国立近代美術館(ポンピドゥ・センター) Musée national d'art Moderne, Centre Pompidou
Place Georges Pompidou 75004 Paris ●Métro : Rambuteau
レンゾ・ピアノ、リチャード・ロジャースらの、配管などを露出させた建築で知られる、映像、音楽、ダンスなどを含む総合芸術文化センター。センターの4・5階が20世紀初めから現代までの作品を展示する近代美術館。他に大小の企画展示室がある。ブランクーシのアトリエは無料で直接入館できる。●火曜休館。▶p.27

ヨーロッパ写真美術館 Maison européenne de la photographie
5/7 rue de Fourcy 75004 Paris ●Métro : Saint Paul
ジュ・ド・ポウムよりも先進的?な企画が多いが、中には??という展覧会も。●月・火曜・祭日休館。▶p.34

ショア(ユダヤ人大虐殺)記念堂 Mémorial de la Shoah
17 rue Geoffroy l'Asnier 75004 Paris ●Métro : Saint Paul, Pont Marie
犠牲者の名が刻まれた壁、地下の展示に粛然。●土曜休館。▶p.36

フォルネイ図書館 Bibliothèque Forney
1 rue du Figuier 75004 Paris ●Métro : Pont Marie, Saint Paul
昔の工芸、広告などの企画展。売店の昔のデザインの絵はがきやポスターもいい。●日曜・月曜休館。▶p.37

パヴィヨン・ド・ラルスナル Pavillon de l'Arsenal
21 boulevard Morland 75004 Paris ●Métro : Sully-Morland, Bastille
パリの建築と都市の歴史と進行中の再開発と建築計画を展示。●月曜休館。▶p.40

ラルスナル図書館 Bibliothèque de l'Arsenal
1 rue Sully 75004 Paris ●Métro : Sully-Morland, Bastille
日曜だけ、大広間、音楽の間、閲覧室の見学ができる。フランス国立図書館の分館。▶p.41

ヴィクトル・ユゴーの家 Maison de Victor Hugo
6 place des Vosges 75004 Paris ●Métro : Saint-Paul, Bastille
ヴォージュ広場を囲む17世紀初頭の館にある『レ・ミゼラブル』で知られる文豪の家。●月曜・祭日休館。

パリ市庁舎(オテル・ド・ヴィル) Hôtel de Ville
5, rue de Lobau 75004 Paris ●Métro : Hôtel de Ville
パリの歴史やパリにゆかりのある作家の企画展を開催。入口は市庁舎北側または裏手東側。●日曜・祭日休館。

5区

国立自然史博物館（植物園） Muséum National d'Histoire Naturelle - Jardin des Plantes
57 rue Cuvier 75005 Paris ●Métro : Jussieu, Gare d'Austerlitz
●グランド・ギャルリ、古生物館、鉱物館、昆虫館、温室などは火曜休館。植物園、小動物園は無休 ▶p.42

アラブ世界研究所 Institut du Monde Arabe
1 rue des Fossés Saint-Bernard 75005 Paris ●Métro : Jussieu, Cardinal Lemoine
中東、マグレブのイスラム文化を展示。建物はジャン・ヌーヴェルの出世作。
●月曜休館（7・8月は日曜・祭日も休館）。

キュリー博物館 Musée Curie
1 rue Piere-et-Marie curie 75005 Paris ●RER : Luxembourg
キュリー夫人の研究所だった建物。●土曜・日曜・祭日、8月休館。▶p.47

国立中世美術館（クリュニー美術館） Musée National du Moyen Age (Musée de Cluny)
6 place Paul Painlevé 75005 Paris ●Métro : Cluny-La Sorbonne, Odéon, Saint-Michel
15世紀のクリュニー司教館。15世紀のタピスリー『貴婦人と一角獣』は必見。隣接しているローマ時代の浴場遺跡の一部が彫刻展示室に使われている。●火曜休館。

パンテオン Panthéon
Place du Panthéon 75005 Paris ●Métro : Cardinal Lemoine, RER : Luxembourg
パリの守護聖人サント・ジュヌヴィエーヴを祀る教会として18世紀末に建てられた。●無休。▶p.46

パリ回教寺院（グランド・モスケ・ド・パリ） Grande Mosquée de Paris
2 bis place du puits de l'Ermite 75005 Paris ●Métro : Place Monge, Jussieu
イスラム教の祭日以外は無休。祈祷時も遠慮しよう。▶p.45

6ème arrondissement

6区

ザッキン美術館 Musée Zadkine
100 bis rue d'Assas 75006 Paris ●Métro : Vavin, RER : Port-Royal
彫刻家ザッキンが住んだアトリエ。●月曜・祭日休館。▶p.54

ドラクロワ美術館 Musée national Eugène Delacroix
6 rue de Furstenberg 75006 Paris ●Métro : Saint-Germain des Prés, Mabillon
近代絵画の先駆者ドラクロワのアパルトマンとアトリエ。●火曜休館。

貨幣博物館 Monnaie de Paris
11 quai de Conti 75006 Paris ●Métro : Pont Nuef
旧国立造幣局の博物館。新旧コインのコレクション。お金とは関係ない美術や写真展も開催。●改装のため2013年半ばまで休館。

医学史博物館 Musée d'Histoire de la Médecine
Université Paris Descarte, 12 rue de l'École de Médecine 75006 Paris ●Métro : Odéon
大学内の一室。開館は午後。●木・日曜・祭日休館（夏期休暇中は土曜・日曜・祭日休館）。▶p.50 ●なお、通りの向かい側15番地の構内には、病理解剖学博物館（Musée Dupuytren）がある。こちらはピエール・エ・マリ・キュリー大学の所属で、土・日曜と大学休暇中は休館。

コンパニオン（職人組合）博物館 Musée Librairie du Compagnonnage
10 rue Mabillon 75006 Paris ●Métro : Mabillon
中世から続く大工、石工などの徒弟制職人組合の歴史と制作物。●土・日曜・祭日休館。

リュクサンブール美術館 Musée du Luxembourg
19 rue de Vaugirard 75006 Paris ●RER : Luxembourg
1750年開設。リュクサンブール宮殿にある元老院（Sénat）に属する国立の美術展会場。●会期中は無休。

パリ国立高等美術学校 École Nationale Supérieure des beaux-arts de Paris
14 rue Bonaparte 75006 Paris ●Métro : Saint Germain des Prés
ボナパルト通りの門から入って、17世紀初頭の礼拝堂や、19世紀のガラス屋根の“Palais des Etudes”など、構内を見る事が出来る。セーヌ川マラケ河岸の建物の展示場は午後のみ。●月曜休館。

7区

エスパスEDF Espace Fondation EDF
6 rue Récamier 75007 Paris ●Métro : Séveres - Babylone
EDF(フランス電力)の変電所を改装した展示場。動きや光をテーマにしたアート展が多い。●会期中は月曜・祭日休館。

オルセー美術館 Musée d'Orsay
62 rue de Lille 75007 Paris ●Métro : Solférino, RER : Musée d'Orsay
19世紀半ば～20世紀初頭までの芸術。印象派前後の作品と、アール・ヌーヴォーの建築・家具、写真、映画などの作品も多い。1900年のパリ万国博のときに造られたオルセー駅を改築。2011年に全面改装。●月曜休館。

ケ・ブランリ美術館 Musée du Quai Branly
37 quai Branly 75007 Paris ●Métro : Alma - Marceau, RER : Pont de l'Alma
アフリカ、オセアニア、アメリカなど、世界中の多様な民俗美術を展示。うっそうと茂る庭園にジャン・ヌーヴェルの強い色彩の建物が横たわっている。●月曜休館。▶p.71

ロダン美術館 Musée Rodin
79 rue de Varenne 75007 Paris ●Métro : Varenne
ロダンやマチス、コクトーがアトリエを構えていた18世紀のビロン館を、ロダンのために国が買い上げて美術館に。3000㎡の美しい庭園を持つ。●月曜休館。

立体地図博物館(アンヴァリッド) Musée des Plans Reliefs
Hôtel national des Invalides, 6 boulevard des Invalides 75007 Paris
●Métro : Invalides, Varenne, La Tour Maubourg, RER : Invalides
フランスの都市、要塞、港などを立体化した600分の1の精巧なレリーフ地図を展示。ナポレオンの墓があるドーム教会、軍事博物館(Musée de l'Armée)、レジスタンス解放博物館(2014年6月まで閉館)と入場券共通。●第1月曜休館。

手紙・手稿博物館 Musée des Lettres et Manuscrits
222 boulevard Saint Germain 75007 Paris ●Métro : Rue du Bac
ボードレールなど作家や詩人、ビュフォンなど科学者、ダヴィンチなど画家、モーツァルトなどの音楽家、チャーチルなど政治家……の、手稿、手紙、楽譜などのコレクション。●月曜休館。

マイヨール美術館 Musée Maillol
59 - 61 rue de Grenelle 75007 Paris ●Métro : Rue du Bac
彫刻家マイヨールのモデルだった女性が開設した企画展美術館。もちろんマイヨール作品もある。●会期中は無休。

下水道 Égouts de Paris
Face au 93 quai d'Orsay 75007 Paris ●Métro : Alma - Marceau, RER : Pont de l'Arma
●木曜・金曜休み。セーヌ増水時や高温が続いた時なども休むことがある。▶p.72

8ème arrondissement

8区

ニッシム・ド・カモンド美術館 Musée Nissim de Camondo
63 rue de Monceau 75008 Paris ●Métro : Villiers, Monceau
モンソー公園に面した19世紀末のブルジョアの華麗な館。●月・火曜休館。▶p.80

チェルヌスキ美術館 Musée Cernuschi
7 avenue Vélasquez 75008 Paris ●Métro : Monceau
ここもモンソー公園に隣接。古代の青銅器から13世紀までの中国美術コレクション。●月曜休館。▶p.79

ジャクマール・アンドレ美術館 Musée Jacquemart - André
158 boulevard Haussmann 75008 Paris ●Métro : Miromesnil, Saint Philippe du Roule
展示作品も豪華、ヴェルサイユのトリアノンを模したという屋敷はゴージャス過多。●無休。▶p.82

グラン・パレ(国立ギャルリ) Galeries Nationales du Grand Palais
3 avenue du Général Eisenhower 75008 Paris ●Métro : Champs Elysées - Clemenceau
ガラスの大屋根Nefはavenue Winston - Churchillから。●火曜休館(催事によっては例外も)。▶p.74

発明発見博物館　Palais de la Découverte
avenue Franklin Delano Roosevelt 75008 Paris ●Métro : Franklin D. Roosevelt
グラン・パレ西翼の科学博物館。●月曜休館。▶p.75

プチ・パレ美術館　Petit Palais - Musée des Beaux - Arts de la Ville de Paris
avenue Winston Churchill 75008 Paris ●Métro : Champs Elysées - Clemenceault
パリ市立の美術館の常設展示は無料だから、中庭のカフェが目当ての人も。●月曜・祭日休館。▶p.75

ピナコテーク・ド・パリ　Pinacothèque de Paris
28 place de la Madeleine 75008 Paris ●Métro : Madeleine
2007年マドレーヌ広場に開館。モネ、ゴッホ、ポロックなどの常設展示と大規模な企画展会場を持つ。●無休。

贖罪の礼拝堂　Chapelle expiatoire
Square Loui XVI, 29 rue Pasquier 75008 Paris ●Métro : Saint Augustin
ルイ16世とマリ・アントワネットが埋葬されていたところ。●木・金・土曜の午後に開く。▶p.84

9ème arrondissement

9区

グレヴァン博物館　Musée Grévin
10 boulevard Montmartre 75009 Paris ●Métro : Grands Boulevards
古今の有名人たちをリアルに再現した蝋人形館。●無休。▶p.20

ロマン派美術館　Musée de la Vie Romantique
16 rue Chaptal 75009 Paris ●Métro : Saint Georges, Pigalle
ロマン主義の文化人が集まった、19世紀の画家シェフェールの家。●月曜・祭日休館。▶p.86

ギュスターヴ・モロー美術館　Musée Gustave Moreau
14 rue de La Rochefoucauld 75009 Paris ●Métro : Trinité, Saint Georges
象徴主義の画家ギュスターヴ・モローのアトリエ。●火曜休館。▶p.88

オペラ・ガルニエ　Opéra national de Paris, Palais Garnier
1 place de l'Opera 09 Paris ●Métro : Opéra
19世紀帝政様式の華麗なオペラ座内部（大階段、ポワイエ、客席など）の見学と、オペラ図書室・オペラ博物館。●無休（昼公演などがあるときは休館）。

10ème arrondissement

10区

扇博物館・アトリエ・アンヌ・オゲ　Musée de l'Eventail, Atelier Anne Hoguet
2 boulevard de Strasbourg 75010 Paris ●Métro : Strasbourg Saint Denis
1872年創業で4代に渡る扇制作アトリエ"Hoguet"のコレクション。●月・火・水曜に開館、8月休館。

12ème arrondissement

12区

シネマテーク・フランセーズ（映画博物館）　Cinémathèque française
51, rue de Bercy 75012 Paris ●Métro : Bercy
リュミエール兄弟の『列車の到着』やメリエスの『月世界旅行』がいつでも見られる。●火曜休館。▶p.110

見世物興行博物館　Musée des Arts Forains - Collection Jean Paul Favand
53 avenue des Terroirs de France 75012 Paris ●Métro : Cour Saint - Emilion
開館日不定なのがザンネン。▶p.113

国立移民史博物館　Cité nationale de l'histoire de l'immigration
Palais de la Porte Dorée, 293 avenue Daumesnil 75012 Paris ●Métro : Porte Dorée
各地からの移民の歴史と文化のミュゼ。1931年の植民地博覧会場として建てられ、ケ・ブランリ美術館開館まではアフリカ・オセアニア美術館だったアール・デコの建物。地下には南の海の生物の水族館がある。●月曜休館。

メゾン・ルージュ　La Maison Rouge
10 boulevard de la Bastille 75012 Paris ●Métro : Quai de la Rapée, Bastille
中庭の真っ赤に塗られた家がシンボル。●月曜・火曜休館。▶p.97

パリ動物園（自然史博物館分園） Parc zoologique de Paris
53 avenue de Saint Maurice 75012 Paris ●Métro : Porte Dorée
ヴァンセンヌの森の入り口にある。改装工事のため休園中。2014年再開園の予定（たぶんもっと先）。

13ème arrondissement

13区

フランス国立図書館フランソワ・ミッテラン
Bibliothèque nationale de France, Site Francois Mitterand
Quai François Mauriacs 75013 Paris ●Métro: Bibliothèque Francois Mitterand, Quai de la Gare
巨大図書館の設計はドミニク・ペロー。大阪富国生命ビルの設計者です。●月曜・祭日休館。▶p.114

国立ゴブラン織製作所 Manufactures des Gobelins
42 avenue des Gobelins 75013 Paris ●Métro : Les Gobelins
●火・水・木に開館（祭日は休み）。工房はガイド付きの見学（約1時間30分）▶p.123

レ・ドック・アン・セーヌ Les Docks en Seine, Cité de la Mode et du Design
34 quai d'Austerlitz 75013 Paris ●Métro : Gare d'Austerlitz, Quai de la Gare
シテ・ド・ラ・モード・エ・デュ・デザイン。2012年春に本格オープン。●休館日未定。▶p.45

14ème arrondissement

14区

カルティエ現代美術財団 Fondation Cartier pour l'Art Contemporain
261 boulevard Raspail 75014 Paris ●Métro : Raspail, Denfert Rochereau
三宅一生、北野武など日本のアーティスト展も多い。●月曜休館。▶p.136

カタコンブ Catacombes de Paris
1 avenue du Colonel Henri Rol-Tanguy 75014 Paris ●Métro / RER : Denfert Rochereau
歩きやすい靴と服装で。トイレ、荷物預かりもないので注意。●月曜・祭日休み。▶p.142

パリ国際大学都市 Cité internationale universitaire de Paris
17 boulevard Jourdan 75014 Paris ●RER : Cité Universitaire
●ル・コルビュジエのスイス館、ブラジル館は毎日公開。▶p.154

アンリ・カルティエ・ブレッソン（HCB）財団 Fondation Henri Cartier-Bresson
2 impasse Lebouis 75014 Paris ●Métro : Gaité
1912年の建物のアトリエ住宅にある写真展示場。●月曜、展覧会準備期間休館。▶p.161

15ème arrondissement

15区

モンパルナス美術館 Musée du Montparnasse
21 avenue du Maine 75015 Paris ●Métro : Montparnasse-Bienvenüe
緑の路地に並ぶ20世紀初めのアトリエ長屋。企画展のある時に開館。●月曜休館。▶p.162

ブールデル美術館 Musée Bourdelle
18 rue Antoine Bourdelle 75015 Paris ●Métro : Montparnasse-Bienvenüe
●月曜・祭日休館。▶p.163

郵便博物館 L'Adresse Musée de La Poste
34 boulevard de Vaugirard 75015 Paris ●Métro : Montparnasse-Bienvenüe
ポストのいろいろや昔の郵便局のようすなどがおもしろい。●日曜・祭日休館。▶p.165

ジャン・ムーラン博物館 Musée Jean Moulin
23 Allée de la 2e Division Blindée Jardin Atlantique de la gare Montparnasse 75015 Paris
ルクレール将軍記念館 Mémorial du Maréchal Leclerc de Hauteclocque
et de la Libération de Paris
●Métro : Montparnasse-Bienvenüe
レジスタンスの英雄と占領下のパリを解放した自由フランス軍の足跡をたどる。●月曜・祭日休館。▶p.158

パリ日本文化会館 Maison de la culture du Japon à Paris
101 bis, quai Branly 75015 Paris ●Métro : Bir-Hakeim
日本通あるいは日本オタクのフランス人の多さに驚かされます。●月曜・日曜・祭日休館。▶p.180

パストゥール博物館　Musée Pasteur
25 rue du Docteur Roux 75015 Paris ●Métro Pasteur
門扉の受付から本館奥の階段を2階へ。開館は午後のみでガイド付き見学。
●土曜・日曜、8月休館。▶p.168

16ème arrondissement

16区

建築・文化遺産センター　Cité de l'architecture & du patrimoine
Palais de Chaillot,1 place du Trocadéro et du 11 novembre 75116 Paris ●Métro : Trocadéro
地上階が中世建築と彫刻の歴史遺産、上階が建築と壁画遺産、地下は現代建築の企画展。●火曜休館。▶p.184

人類博物館　Musée de l'Homme
Palais de Chaillot, 17 place du Trocadéro 75116 Paris ●Métro : Trocadéro
全面改装のため2014年まで閉館。●火曜休館。▶p.185

海洋博物館　Musée de National de la Marine
Palais de Challiot, 17 place du Trocadéro 75116 Paris ●Métro : Trocadéro
海と航海、船の歴史。●火曜休館。▶p.185

ギメ東洋美術館　Musée National des Arts Asiatiques Guimet
6 place d'Iéna 75116 Paris ●Métro : Iéna
19世紀末の建物の内部は、明るく開放的な展示空間に改装されている。●火曜休館。▶p.184

パリ市近代美術館　Musée d'Art Moderne de la Ville de Paris
Palais de Tokyo,11 avenue du Président Wilson 75116 Paris ●Métro : Iéna, Alma-Marceau
美術館は東翼。西翼は"Palais de Tokyo"の名の現代美術展示場。●月曜・祭日休館。▶p.182

ガリエラ美術館　Musée Galliera (Musée de la Mode de la Ville de Paris)
10 avenue Pierre 1er de Serbie 75116 Paris ●Métro : Iéna, Alma-Marceau
●月曜・祭日休館。改装のため2013年春まで閉館。▶p.184

マルモッタン・モネ美術館　Musée Marmottan Monet
2 rue Louis Boilly 75016 Paris ●Métro : Muette
印象派の名のもとになった『印象 日の出』など94点のモネ作品を中心とする印象派コレクション。●月曜休館。

贋造物博物館　Musée de la Contrefaçon
16 rue de la Faisanderie 75116 Paris ●Métro : Porte Dauphine, RER : Avenue Foch
欲深い人間の仕業に少々あきれます。午後のみ開館。●月曜休館。▶p.200

ワイン博物館　Musée du Vin Paris
5/7 Square Charles Dickens, rue des Eaux 75016 Paris ●Métro : Passy
元は13世紀以来の石灰岩を掘り出した跡の洞窟で16世紀には修道院のワイン倉だった。●月曜休館。▶p.178

バカラ美術館　Galerie Musée Baccarat
11 place des Etats-Unis 75116 Paris ●Métro : Iéna, Boissière
展示室は小さいが限りなくクリスタル。トイレはどこが壁か鏡かで出口がわからない。●火曜・日曜・祭日休館。

バルザックの家　Maison de Balzac
47 rue Raynouard 75016 Paris ●Métro : Passy, La Muette ●月曜・祭日休館。▶p.179

ラ・ロシュ邸 (ル・コルビュジエ財団)　Maison La Roche, Fondation Le Corbusier
8-10 square du Docteur Blanche 75016 Paris ●Métro : Jasmin, Michel Ange-Auteuil
隣のジャンヌレ邸(財団事務所と資料室)と共に設計された初期の代表的建築。●日曜休館。▶p.194

ル・コルビュジエのアパルトマン　Appartement de Le Corbusier
24 rue Nungesser et Coli 75016 Paris ●Métro : Porte d'Auteuil
ル・コルビュジエが設計し自身が住んでいたアパルトマン(1934年完成)のガイド付きの見学。●土曜のみ。

バガテル公園　Parc de Bagatelle
42 route de Sèvres à Neuilly 75016 Paris ●Métro : Pont de Neuilly → Bus43
バラの最盛期は6月だけれど四季それぞれが美しい。●毎日開園。▶p.202

ピエール・ベルジェ=イヴ・サン・ローラン財団　Fondation Pierre Bergé-Yves Saint Laurent
3 rue Léonce Reynaud 75116 Paris ●Métro : Alma-Marceau
サン・ローラン作品のコレクションと、モード、写真や絵画、装飾などの企画展。●月曜休館。

17ème arrondissement

17 区

エネール美術館　Musée National Jean-Jacques Henner
43 avenue de Villiers 75017 Paris ●Métro : Malesherbes, Monceau
19世紀末、印象派の時代の《公式画家》のアトリエ屋敷。静謐な画面がむしろ魅力的。●火曜休館。▶p.80

18ème arrondissement

18 区

アル・サン・ピエール　Halle Saint Pierre (Musée d'Art Brut et d'Art Singulier)
2 rue Ronsard 75018 Paris ●Métro : Anvers
19世紀の市場建築にあるアール・ブリュット(アウトサイダー芸術)のミュゼ。●無休。

モンマルトル美術館　Musée de Montmartre
12/14, rue Cortot 75018 Paris ●Métro : Lamarck-Caulaincourt
モンマルトルの歴史と文化を伝える17世紀の家。ルノワールが住みここの庭で『ぶらんこ』を描いた。●無休。

ル・バル　Le Bal
6 impasse de la Défense 75018 Paris ●Métro : Place de Clicy
20世紀初頭のキャバレー、ダンスホールを改装したドキュメント映像の展示場。●月曜・火曜休館。▶p.208

19ème arrondissement

19 区

ミュゼ・ド・ラ・ミュージック　Musée de la Musique
Cité de la Musique, 221 avenue Jean Jaurès 75019 Paris ●Métro : Porte de Pantin
シテ・ド・ラ・ミュージックにある音楽史と楽器の博物館。●月曜休館。▶p.224

科学・産業博物館　Cité des Sciences et de l'Industrie
30 avenue Corentin-Cariou 75019 Paris ●Métro : Porte de la Villette
ポンピドゥ・センターの4倍という食肉処理場を改造した巨大な科学技術博物館。●月曜休館。▶p.223

ル・サンキャトル　Le Centquatre 104
104 rue d'Aubervilliers /5 rue Curial 75019 Paris ●Métro : Riquet
市営の広大な葬儀屋の工房を改装した総合芸術村。アトリエと多数の展示場、劇場など。
●休みは催しもの次第。

20ème arrondissement

20 区

パヴィヨン・カレ・ド・ボードワン　Pavillon Carré de Baudouin
121 rue Ménirmontant, 75020 Paris ●Métro : Ménilmontant
メニルモンタン通りとピレネー通りの角、庭園のある18世紀の館。2011年に開館した芸術文化施設。
●日曜休館。

【注】

無休と記したところでも、1月1日、5月1日、7月14日、12月25日などは休むところが多い。

14時まで昼休みというところもあるけれど、木曜は21時ごろまで開くところが増えています。

エッフェル塔や凱旋門、ノートルダムなど、いつも開いている名所は省略しました。